JN078568

鎌倉殿と呪術

怨霊と怪異の幕府成立史

島崎 晋
Susumu Shimazaki

ワニブックス

はじめに

２０２２年のＮＨＫ大河ドラマは平安時代末から鎌倉時代初めを舞台とする『鎌倉殿の13人』。三谷幸喜脚本で、小栗旬演じる北条義時を中心に、大泉洋演じる源頼朝、小池栄子演じる北条政子、中村獅童演じる梶原景時、佐藤二朗演じる比企能員などが、どんなドラマを展開してくれるのか大いに期待されます。

同じ武士の名で呼ばれていても、鎌倉時代初めの武士と時代劇でお馴染みの江戸時代の武士では大きく異なります。前者の行動原理は、大河ドラマで取り上げられることの非常に多い戦国時代の武士ともまた異なります。

戦いを始める前には名乗りを挙げ、主力となる武器は刀剣でなく弓矢であるなど、戦場の光景もわれわれが慣れ親しんだものとは大きく異なるのです。実際にドラマの放送が始まれば、江戸時代の武士、戦国時代の武士との違いもはっきりするはずです。

この時代の魅力を簡潔にまとめるなら、「変革期ならではの生きざま」と断言できます。時代の変遷を教科書的に整理すれば、以下のようになります。

1．摂関政治（天皇外戚の藤原摂関家が実権を掌握）

2．院政（譲位しても権力は手放さず、上皇が院の近臣とともに政治を親裁）
3．平氏政権（貴族化した平氏が要職を独占）
4．源平内乱（治承・寿永の内乱）で京都の主が頻繁に変わる
5．源氏将軍の時代（鎌倉幕府と朝廷の協調体制）
6．北条執権体制（朝廷は幕府の言いなりに）

北条義時が生まれたのは1163年、亡くなったのは1224年です。目を遠く西の彼方に向けたならば、西欧カトリック世界が聖地エルサレムの奪還を目指し、十字軍運動に力を入れていた時期にあたります。

ローマ帝国では4世紀末にキリスト教を国教にするとの命令が出されましたが、それが社会のすみずみまで浸透したのは10世紀から11世紀のことです。時を同じくして聖地巡礼や十字軍運動が本格化すると聖遺物崇拝が盛んになります。救世主や聖人の遺品に触れるだけで不治の病もたちどころに平癒すると信じられていたのです。

ヨーロッパでキリスト教が大衆化した時期と、日本の仏教が大衆化路線に舵を切り始めたのがほぼ同時期とは、面白い一致です。キリスト教徒が十字架や聖母子像を前に祈りを捧げていたとき、日本では験者や陰陽師が呪術を修していたのですから。

呪術は「呪（のろ）いの法」と間違われやすいのですが、実際は「呪（まじな）いの法で」です。特に陰陽道は平安貴族の日常になくてはならない技能と化していたため、呪術＝陰陽道を操ることのできる陰陽師は大忙しでした。

陰陽師の活躍の場は洛中に限らず、やがて鎌倉からもお呼びがかかり、そのうち常駐のスタッフを置くまでになります。学校の教科書には出てきませんが、歴史のターニングポイントには必ずといってよいほど、陰陽師が関与していたのです。

本書ではそんな彼らの活躍を、平安時代末から鎌倉時代初頭に限り、鎌倉幕府が編纂（へんさん）した歴史書『吾妻鏡（あづまかがみ）』をもとにしながら、これまで見過ごされがちだった方面から動乱の時代を見直したいと思います。

本書の執筆にあたっては、吉川弘文館から刊行されている五味文彦・本郷和人編の『現代語訳吾妻鏡』全16巻をはじめ、本文内でも取り上げた諸書・諸論文を参考にさせていただきました。また、わかりやすさを第一とする考えから、年月日の表記には原則として年号を用いず、西暦で通しながら月日は旧暦のままという変則なかたちをとり、譲位した天皇の称号も上皇と法皇と区分せず、「院」での統一を基本としました。

令和3（2021）年11月

島崎　晋

第2章 南都を焼いた平氏、神仏を味方にした源頼朝（1180～1185）

第3章 後白河法皇と源頼朝の退場（1185～1199）

第4章 大江広元の暗躍（1199～1219）

第5章 後鳥羽院と北条政子・義時政権の最終決戦(1219〜1225)

終章 再び嘉禄6年（1221〜1225）

※写真にクレジットがないものは、パブリックドメインです。

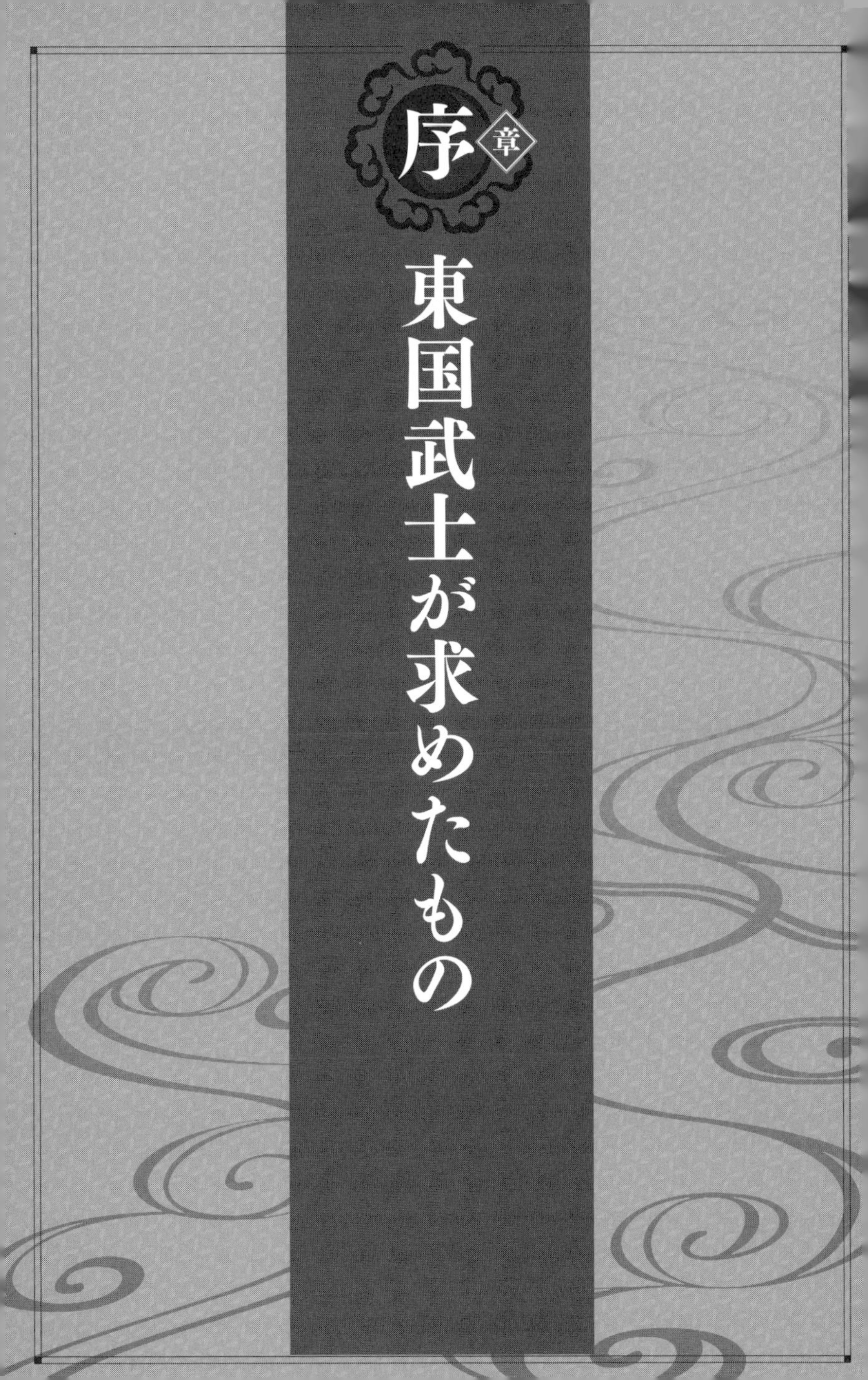

序章 東国武士が求めたもの

実は行事のオンパレードだった鎌倉幕府

大江広元像、明治時代の作
（毛利博物館所蔵）

北条政子（イメージ）© アフロ

1225年、鎌倉幕府の創設に立ち会った大江広元（6月10日）と北条政子（7月11日）が息を引き取りました。前年には北条義時（6月13日）も帰らぬ人となっていたから、歴史の生き証人である彼らの相次ぐ死は、日本史上初めての武家政権が当初の役割を終え、新たなステージに移行したことを、多くの人びとに印象づけたはずです。

源頼朝と北条一族は平氏政権を反面教師として体制づくりを進めました。史上初めての試みですが、東国武士の支持の上に成り立っていた以上、やるしかありませんでした。

鎌倉幕府の日常について、幕府が編纂した編年体の歴史書『吾妻鏡』から1225年の1月から3月を例に引きましょう。

1月1日　北条時房が垸飯を献上

1月8日　若君（三寅、のちの藤原頼経）の歯固。北条泰

時が重服(じゅうふく)
1月14日　鶴岡八幡宮で最勝八講(さいしょうはちこう)
1月15日　午(うま)の刻(こく)に地震
1月16日　月蝕が正現
2月1日　宿曜道(すくようどう)の珍誉(ちんよ)が日蝕を予告
2月21日　北条時房が長雨の原因について陰陽師に下問
2月24日　御所中門廊の内に小鷹一羽が雀を捕って飛び込んでくる怪異
2月30日　午の刻に急に雨が降り、雷が数回鳴る
3月1日　寅(とら)の刻(こく)に小さな地震
3月24日　太白(たいはく)が天を通過したため祈祷(きとう)を実施

見慣れない言葉がいくつかあると思われますが、まず1月1日にある「垸飯」とは、有力な御家人が年初に将軍を酒食でもてなし、主従関係を再確認する行事のことです。

元来は都の貴族社会の儀式で、東国でも家人が主人を饗応する風習は平安時代からありましたが、鎌倉幕府はこれを年初の儀式として定着させたのです。武家政権に相応(ふさわ)しいと考えたのでしょう。

次に「歯固」とは、正月三が日に鏡餅や押獣肉、押鮎（おしあゆ）、大根、勝栗（かちぐり）などの堅い物を食べる行事です。「年齢」を意味する「齢（よわい）」の字には「歯」の字が含まれますから、歯の根を固める＝歯を丈夫にすることが健康につながるというので、その年の健康と長寿を願う行事として、宮中の行事であったものが武士の社会にも広がったのです。

同じ1月8日には「重服」の語も見えますが、これは軽服（きょうぶく）に対する言葉で、父母など近い親族の喪に服することを指します。喪の習慣自体は古墳時代からあったようですが、重服・軽服に分ける発想は儒学由来と思われます。

1月14日にある「最勝八講」は、護国の経典『金光明最勝王経（こんこうみょうさいしょうおうきょう）』を8回に分けて講説する法会ですから、明らかに仏教行事です。

以上挙げた以外にもまだ見慣れない語句はあるかと思いますが、それはらすべて陰陽道に関するものです。地震や日蝕・月蝕、長雨などに限らず鳥獣の異常な行動などが確認された際にも陰陽師に見立てを求めるべきというのが、当時の幕府の通念でした。現代のわれわれとはおよそ異なる思考が働いていたのです。

流血は習い性の東国武士が恐れたものは何だったのか？

東国武士あるいは鎌倉武士と聞いてまず頭に浮かぶのは、『平家物語』のなかで語られるイメージではないでしょうか。富士川の戦いを前にして、斎藤実盛（さいとうさねもり）という老武者は平氏の総大将平維盛（たいらのこれもり）に呼び出され、東国武士の実力について尋ねられます。数々の修羅場を潜り（くぐり）抜けてきた実盛は、都育ち（みやこそだち）で戦場を知らない平氏の貴公子たちに含むところがあったのか、まるで脅すかのように、次のように語りました。

「戦いに臨めば、親が討たれようと子が討たれようと、戦死する者があれば、その屍（しかばね）を乗り越え、戦っていきます。西国の戦いと申しますと、親が討たれれば仏事を営み、忌（き）が明けてから攻め寄せ、子が討たれれば嘆き悲しんで、戦いません。兵糧米（ひょうろうまい）が尽きてしまうと、春に田をつくり、秋に収穫をしてから攻め、夏は暑い、冬は寒いと言って戦いを嫌います。東国にはまったくそのようなことはありません」

案の定、維盛以下、平氏の貴公子はみな震えおののいたとあります。同じく武士でありながら、平氏と東国武士では、気性や育った環境がかなり違っていたのです。

東国武士の大半は、天慶（てんぎょう）の乱（平将門（まさかど）の乱）で勲功を挙げた英雄たちを祖と仰いでいました。平高望（たかもち）を始祖とする桓武平氏（かんむへいし）、藤原秀郷（ふじわらのひでさと）を始祖とする秀郷流藤原氏、源経基（みなもとのつねもと）を始祖と

する清和源氏の三系統で、桓武平氏のうち伊勢国に本拠地を移し、都を活動拠点にした一族が平清盛を代表とする伊勢平氏です。関東に残った一族は枝分かれを繰り返し、のちには「坂東八平氏」と総称されます。清和源氏も枝分かれしますが、関東で勢力を築いたのは河内源氏庶流です。

平将門の騎馬像（茨城県坂東市）

　桓武平氏は桓武天皇、清和源氏は清和天皇の皇子に始まります。宮廷経費削減のため、皇子に姓を与えて皇籍から臣籍に降下させる件数が増えるなか、地方官として東国に赴任した後、任期が切れても都に戻らず、在地領主との縁組を通じて定住を選ぶ者が多く現れます。藤原秀郷の後裔も同じような状況であったため、関東の武士は軒並み右の三系統のどれかとなったのです（詐称が混ざっている可能性は否定できませんが）。

　ここに名の出た「在地領主」とは開発領主の後裔です。彼らの所領は常に他の在地領主や国司（中央から派遣された国の長官）に狙われており、法的保護が期待できなかったので、彼らはみずから武装する必要に迫られました。賜姓皇族や秀郷流藤原氏を婿や養子に迎えることは、都に伝手をつくると同時に一族の箔づけにもなります。双方の利害が一致した結果、東国武士が誕生したのでした。

東国武士は死をまったく恐れないわけではありません。彼らが命をかけるのは所領を守るか新たな所領を得る場合に限られ、無駄死には断じて避けるべきと考えていました。背中を斬られる、名もない者や格下の者に討たれるのを恥としたのも、自分一人の問題で終わらず、子孫に汚名を負わせ、文字通り「末代までの恥」となるのを恐れたからです。

東国武士が恐れたものは無駄死に以外にもあります。病や天変地異などがそれで、目に見えず、形のないものに対しては、どんなに腕力が強く、刀や弓の扱いに優れていようとも、とうてい太刀(たち)打ちできなかったからです。

災いに対処する術は古神道や密教にもありますが、その効果は多分に主観的です。疑問視する空気が強くなる前にバージョンアップを図るか、完全なる新規導入を図る必要がありました。そこで着目されたのが、京都ではすでに実績十分の陰陽道だったのです。

次の第1章で改めて説明しますが、陰陽道とは中国から伝えられた陰陽五行説(いんようごぎょうせつ)に基づく占いや信仰の総称です。日本で完成され、それを操る専門の技能者が陰陽師です。

鎌倉幕府の編纂による『吾妻鏡』は、1180年4月9日から1266年7月20日まで（計10年ほどの欠落あり）の出来事を編年体で記した歴史書ですので、年代記または日記と呼んでもよいかもしれません。この書は九条兼実(くじょうかねざね)の『玉葉(ぎょくよう)』や藤原定家(さだいえ)の『明月記(めいげつき)』に代表される中央貴族の日記、『平家物語』や『源平盛衰記(げんぺいじょうすいき)』『承久記』に代表される軍記物語、幕府・寺社に伝存した古文書類などを史料にしたと思われます。史実として信用できない部分は多々ありますが、当時の祭祀の様子などがよくわかる史料であることは間違いありません。

関幸彦・野口実編の『吾妻鏡必携』（吉川弘文館）によれば、『吾妻鏡』には、天文・陰陽道に関する記事が800以上、陰陽師の所見が100以上あり、およそ48種の陰陽道祭が見られます。同じく『吾妻鏡必携』では、鎌倉で行われた陰陽道の祭祀が、ごく大まかに4つにグループ化できるとして、以下のように示します。

1. 病気その他身体の障害や危険を取り除き悪霊の祟(たた)りを防ぐもの（11種179例）
2. 宿星(しゅくせい)の信仰を中心とし、自然の異変に対する祈祷(きとう)的なもの（19種152例）
3. 建築物の安全祈願のもの（11種46例）
4. 祓(はらえ)を中心にしたもので神祇(じんぎ)の作法に近い部分（8種34例）

これを見れば、陰陽師の仕事内容がだいだいイメージできるのではないでしょうか。

1225年の冒頭3か月を見れば明らかなように、北条氏による執権体制が確立しようとしていたその時期、『吾妻鏡』の大半は陰陽道を中心とした祭祀・儀礼関連記事で占められていました。その内容や背景を知らないままでは当時の人びとの思考パターン、時代の空気などを理解できるとは思えません。陰陽道のある日常を理解することが、鎌倉幕府の誕生とそれが1世紀半近く続いた秘密に近づく第一歩となるのです。

朝廷と平氏政権に対する東国武士の眼差しは驚くほど複雑だった

日本で仏教が受け入れられたのは飛鳥時代のことで、当初は戦勝や雨乞いを祈願する程度でしたが、奈良時代には諸国に国分寺と国分尼寺が建立され、鎮護国家の祈願とともに、仏教の教えを通じた思想統制が推進されます。仏教はいまだ天皇を頂点とする支配者のための宗教だったのです。

仏教の新たな潮流として、死後の平安に重きを置く浄土信仰や現世志向の強い密教がもたらされて以降、仏教は藤原摂関家を筆頭とする貴族のための宗教に変質して、鎮護国家の役割は大きく後退します。

京の都や南都（奈良）で絢爛豪華（けんらんごうか）な寺社の造営が相次ぐなか、東国武士の間でも仏教は知られていましたが、識字率が極端に低い関係上、教えに対する理解は非常に浅く、大多数の者は僧侶の読経（どきょう）や法話を神妙な面持（おもも）ちで聞きながら、神前・仏前では心のなかで願い事を唱えるばかりでした。

そんな東国武士の一番の関心はやはり所領の安堵です。国衙領（公領）ではなく、自分たちが開墾した私有地（荘園）ですから、ことのほか思い入れがあります。他の在地領主による襲撃や国衙（国府の政庁）による強制徴税・収容を阻止するために、単純な武力抵抗に加え、都の摂関家や皇族クラスの有力者や大きな寺社に所領を寄進し、圧力をかけてもらう方法もとられました。

このような有力者は本家、在地領主は下司と呼ばれ、両者の間に中堅貴族からなる領家と預所という在地の代理人が介在する場合もありましたが、どちらにせよ、すべては名義上の譲渡にすぎず、実際に所領を管理して徴税にあたるのは、あくまで在地領主でした。本家や預所には何割かの取り分を約束して、国衙の手出しをやめさせるとともに、裁判で有利な裁定が下るよう、裏から手をまわしてもらう仕組みだったのです。

けれども、時の経過とともにその効果も薄れてきたことから、東国武士は不満を募らせていました。平治の乱で勝者となった平清盛と平氏政権には大いに期待したのですが、伊勢平氏は期待に応えてはくれず、いい目を見ることができたのは、譜代の家人と化した伊勢・伊賀の在地武士だけで、東国武士たちの不満と怒りは沸点に達しようとしていたのです。

そのときに起きたのが以仁王と源頼政による挙兵で、東国武士の関心は雌伏して時節の到来を待っていた武門源氏の惣領たちに集まります。そのなかで最後まで勝ち残り、鎌倉に幕府を創設したのが源頼朝だったのです。

意外に思われるかもしれませんが、当時の東国武士には朝廷に反抗するという選択肢どころか、発想すらありませんでした。平将門の敗亡が尾を引いていたわけではないでしょうが、本領安堵をはじめ、あらゆる権利を保証するのが誰なのかと突き詰めていけば、結局は天皇または院に行き着くのですから、朝廷に刃を向ける発想がなくてもおかしくはなかったのです。

東国武士が求めたのは、自分たちの代表として朝廷と交渉して、満足のいく結果を引き出せそうな貴種です。ただの武士ではなく、由緒ある家柄であることも必要でした。それまで同列だった人間に頭を下げたくはなく、伊勢平氏が失格となれば、もはや候補となりうるのは武門源氏しかなかったのです。

源頼政（MOA 美術館所蔵）

運にも恵まれ、源頼朝は絶対的なカリスマに変貌を遂げましたが、二代目の頼家、三代目の実朝に同じものを求めるのは酷な話で、武門源氏の嫡系が途絶え、四代将軍として都から頼朝の妹の血を引く九条道家の子息が迎えられるに及んでは、足りない部分を何か他のもので補わないことには、どうにも立ち行かなくなります。そこで着目されたのが陰陽道でした。

桓武平氏の後裔と称しながら、数代前の祖先の名さえ伝わらない北条氏が幕府を牽引していくためには、天意（天の意志）

を知る手段という触れ込みの陰陽道はまたとない武器だったのです。

京都ではすでに広く浸透して、貴族らの日常生活に欠かせないものとなっていましたが、東国ではまだあまり知られていないのも好都合でした。神秘のベールに包まれていたほうが、権威付けの小道具に向いていたからです。

伝源頼朝像（神護寺所蔵）

鎌倉の陰陽道についてはすでに多くの研究がありますが、全体の流れを大きく知る参考として、新川哲雄氏が「鎌倉と京の陰陽道」『季刊 日本思想史58 思想史としての吾妻鏡』（ぺりかん社）のなかで示した時代区分を示しておきます。先達である木村進氏の「鎌倉時代陰陽道の一考察」（『立正史学』29）に大きく拠ったとするそれでは、鎌倉の陰陽道を以下の4期に分けます。

１１８０～１２０９年　模倣期
１２１０～１２１８年　本格的受入期
１２１９～１２４５年　隆盛期
１２４６～１２６６年　安定期

本書ではこれらのうち、模倣期から本格的受入期を経て、隆盛期の初頭までを扱うこととします。

コラム1

『呪術廻戦』の呪術高専と陰陽寮

芥見下々の漫画『呪術廻戦』はポスト『鬼滅の刃』の筆頭候補に挙げられるだけあって、文句なしの傑作です。

主人公の虎杖悠仁が転入したのは、宗教系の私立校というのは表向きで、本当は東京都立呪術高等専門学校（呪術高専東京校）という日本に2つしかない呪術師養成学校の一つという設定です。もう一つは京都校で、東京・京都の両校と卒業生全体の頂点には総監部という長老会議のような組織が存在します。

両校とも学長以下、各学年に担任が1人、生徒が3～5人の構成ですが、東京校にはそれ以外にも専属医師が1人、忌庫番（守衛）が2人、補助監督が十数人いるように描かれています。

卒業後の進路は自由ですが、呪術師を本職に選んだ場合、任務の指令が学長から発せられる関係上、多くの者はそれぞれの校舎を起点に活動しています。補助監督は呪術師になるには力不足なため、使用可能な呪術も帳の上げ下ろしか事件が呪いによるものかどうかの判別、呪いによる負傷者への応急処置くらい。送迎車の運転や情報の伝達、負傷者の救出、遺体の回収が主な仕事です。

ここで言う「帳」とは、凄惨な戦いになることの多い除霊場面を非術者（一般人）の目に晒さぬよう、外部からの視線を遮る結界を指します。

『呪術廻戦』の単行本第一巻では、補助監督が「闇より出でて闇より黒く、その穢れを禊ぎ祓え」と呪文を唱えるとともに、黒い帳が下りて、対象区域で何が起きているのか、周囲から一切見えないよう、聞こえないようにしています。

呪術師になれるかどうかは、持って生まれた素養がものをいうため、呪術師界は常に人手不足に悩まされています。そのため現役の生徒が除霊に駆り出されることも多く、その際には無駄死にを避ける意味から、各人の実力が考慮されます。下は4級から上は特級までレベル分けされているのですが、同様の等級分けは祓の対象である呪いに対しても行われ、『呪術廻戦』の単行本第一巻では、「通常兵器が呪霊に有効と仮定した場合」として、呪いの強さを次のように解説しています。

特級　クラスター弾での絨毯爆撃でトントン
1級　（準1級）戦車でも心細い
2級　（準2級）散弾銃でギリギリ
3級　拳銃があればまあ安心

4級　木製バットで余裕

つまり、2級の呪いを祓うためには、戦車並みの戦闘力を有する1級以上の呪術師が必要なわけで、呪術高専の生徒たちにはそのレベルにまで達することが期待され、理論学習に加え、過酷な実地研修が課せられているのです。

日本史上で呪術高専に類する組織といえば、701年制定の大宝律令に基づき、中務省という中央省庁の管下にあった陰陽寮をおいて他にありません。

陰陽寮には陰陽・暦・天文・漏剋（ろうこく）の4部門があり、各部門に博士の肩書を持つ技官がいて、博士の下にそれぞれ学生がいました。彼ら陰陽生（おんみょうしょう）は陰陽博士から認められれば、現在の国家公務員にあたる官人陰陽師になることができたのです。

組織としては、長官である陰陽頭（おんみょうのかみ）以下、助（すけ）・少允（しょうじょう）・大属（たいぞく）・少属（しょうぞく）などの事務官僚がおり、陰陽部門の定員は陰陽師が6人、陰陽博士が1人、陰陽生10人というのが原則でした。

呪術高専で例えるなら、学長が陰陽頭、学年担任が陰陽博士、総監部長が中務省、補助監督は少允以下にあたるでしょうか。

ここで「助以下」ではなく「少允以下」としたのには理由があります。

12世紀中頃には陰陽博士と陰陽頭だけでなく、陰陽寮の次官である陰陽助まで賀茂・安倍二氏の独占状態に置かれていたからです。この両氏の下に格付けされた大中臣・中原・惟任（これとう）・清科・伴・菅野・佐伯の七氏には少允以上の出世が望めず、少属から大属、大属から少允へ昇進するにしても、頭または助の推薦が必要とされました。そのため右の七家出身者は安倍氏か賀茂氏の誰かと師弟関係を結ぶことで、将来の推薦を期待するしかなかったのです。

　現実の陰陽師の世界でも「第一者」「第二者」という序列がありましたが、これは必ずしも実力に比例するものではありませんでした。陰陽師第一者＝陰陽頭であればわかりやすいのですが、両者はイコールで結ばれず、第一者のほうが実力は上で、なおかつ陰陽寮以外の部署の役人であることも多かったので、よけい話がややこしくなります。

　肩書が実力を反映しているのなら、朝廷の大官は第一者・第二者を優先させそうです。事実、藤原道長が私的に使役（しえき）した陰陽師の8割以上は第一者か第二者でした。ところが、道長の子孫で、若干19歳にして正二位右大臣に登った九条兼実（くじょうかねざね）が第一者・第二者を私的に使役した事例は2割に満たないのです。8割以上は第三者以下の陰陽師だったわけで、そのうち約8割は賀茂氏か安倍氏で占められていました。

　兼実の日記『玉葉』を見る限り、彼が日記をつけ始めてからの34年間で、私的に陰陽師を使役した回数は336件、陰陽師の数は26人です。同じ陰陽師を繰り返し指名していた点から考えるなら、兼実は公式の序列ではなく、過去の実績や自分との相性、個人的な信頼関係などに重きを置いていたことがわかります。

そうなると、五条悟（ごじょうさとる）のような人間が陰陽師として兼実と同時代にいた場合、兼実から指名される立場になれたかどうか、想像を膨らませてみるのもまた面白いものです。

呪術高専関係者では、いったん一般社会に出ながら出戻った七海建人（ななみけんと）は稀有（けう）な存在とされていますが、平安・鎌倉時代の陰陽寮出身者としては十分ありうる進路でした。陰陽道の知識があるというだけで、有用な人材と目（もく）されたからです。

それに対して陰陽師としての任務を果たさず、自由奔放に生きる九十九由基（つくもゆき）や、重大な規約違反を犯し、放校処分となった夏油傑（げとうすぐる）のような存在が陰陽寮出身者にいたかどうかは確認のしようがありません。蘆屋道満（あしやどうまん）は夏油傑にやや似ているのですが、架空の人物ですから、比較検討のしようがありません。停学処分中の秤金次（はかりきんじ）と星綺羅羅（ほしきらら）も同様ですが、主人公が敵対の過去のある者や破門された兄弟子を人間的な魅力によって仲間に引き入れることに成功。力をあわせて大業をなすという展開は、中華圏のカンフー映画やドラマ、小説など、「武侠」と呼ばれるジャンルではよくあるパターンです。

日本の漫画界でも1990年頃からこのパターンが取り入れられ、今やバトル系漫画では定番と化していますが、舶来の文化を自家薬籠中の物に改変する巧みさは、陰陽五行説から陰陽道をつくりだした構図を彷彿（ほうふつ）とさせます。

第1章

源頼朝の挙兵

~1180年

主なできごと

1159年12月　平治の乱

1160年3月　源頼朝、伊豆国へ配流

1179年11月　治承の政変。後白河院を鳥羽殿に幽閉

1180年4月　以仁王、平氏追討の令旨を発す

1180年8月　源頼朝が伊豆国で挙兵

1180年10月　鎌倉入りを果たした源頼朝が富士川の戦いでも勝利

不幸から始まった頼朝の人生

伊豆国に流されてから挙兵までの20年、要監視対象にありながら、源頼朝は他国への移動を除いては比較的自由に振る舞うことができていました。

ずっと同じ場所に住んでいたわけでなく、当初は東伊豆にいたらしく、西伊豆に移ってからは現在の静岡県伊豆の国市四日町の蛭ケ小島に居所を構え、次いで北条氏の館に迎えられたようです。

おそらく西伊豆に移ってからのことでしょう。頼朝は走湯山権現の文陽坊覚淵を師と仰ぎ、法華経の教えを受けます。一部八巻二十八品からなる法華経は当時の上流社会でもっとも人気のある経典でした。

頼朝は１１５９年の平治の乱で父義朝をはじめ、長兄義平や次兄朝長など、一族郎党の多くを失っていますから、彼らの菩提を弔うのは当然として、それとは別に現世での大願がありました。そのことを伝えるのが『吾妻鏡』の治承４年（１１８０）７月５日条にある以下の記述です。

武衛（頼朝）は覚淵に相談した。

「私は心に思うところがあって、法華経の読経一千部を終えた後に真意を表明しようと決めていたが、事態が急変したので、もう時間がない。転読した分の八百部でもって、御仏に自分の願いを申し上げたいが、どうであろうか」

覚淵は何も問題ないとして準備を整えると、速やかに儀式を遂行した。

ここに「転読」という見慣れない言葉が出てきますが、国語辞典の筆頭格とされる『広辞苑』を引くと、「大部の経文の初・中・終の要所たる数行または題目と品の名だけを略読して全巻を読誦（どくしょう）したことに代えること」とあります。全巻を音読する「真読」に対する語で、転経とも呼ばれます。

また「心に思うところ」の内容について、『吾妻鏡』の同じ条には「八条入道相国（しょうこく）（平清盛）の一族を退治」と明記されていますが、『吾妻鏡』が北条氏による執権（しっけん）体制を正当化する意図で編纂されたことを思えば、そこにある記述をすべて真に受けるわけにはいきません。「心に思うところ」となればなおさらです。

これは鎌倉入りを果たして以降の話ですが、頼朝の法華信仰が見せかけでないことは、敵対した長尾定景（ながおさだかげ）を許した一件でも明らかです。『吾妻鏡』の1181年7月5日条によれば、定景は石橋山（いしばしやま）の戦いで頼朝方の佐奈田余一（さなだよいち）を討ち取った憎むべき相手で、頼朝はその身柄を与一の

石橋山古戦場跡（著者撮影）

頼朝が戦勝祈願した五所神社（著者撮影）

父・岡崎義実に預けていました。慈悲深い義実は定景を晒し首にするのを躊躇い、執行を先延ばしにします。そのうちに定景が法華経の熱心な信者であることがわかると、夢のお告げがあったからとして、もし定景を誅したならば、かえって余一の成仏の妨げになるからと、頼朝に定景の助命と赦免を願い出ました。すると頼朝は義実の願いを聞き入れ、定景を赦したというのです。

同じく『吾妻鏡』の治承4年（1180）8月18日条には、頼朝が数年来、毎日怠らず唱えた経文が、以下のように列記されています。

般若心経　十九巻

八幡、若宮、熱田、大箱根、能善、駒形、走湯権現、礼殿、三島、熊野権現、若王子、住吉、富士大菩薩、祇園、天道、北斗、観音（以上に宛てて各一巻を読み、神仏への手向けとする）

観音経一巻、寿命経一巻、毘沙門経三巻、薬師呪二十一返、尊勝陀羅尼七返、毘沙門呪

二百八返（以上は所願成就と子孫繁昌のため）

阿弥陀仏名千百返（一千返は父祖の成仏祈願のため。百返は鎌田正清（かまたまさきよ）の解脱（げだつ）のため）

ここにある「父祖」とは、1156年の保元（ほうげん）の乱に敗れて斬首された祖父為義（ためよし）と、右にも記した父義朝を指しており、鎌田正清は義朝の乳母子（めのとご）にして腹心、なおかつ最期を共にした人物です。

また「観音経」は法華経の第八巻第二十五品の観世音菩薩普門品（ふもんぼん）の別称ですから、頼朝による法華経の転読は、もっぱらこの部分を対象にしたのかもしれません。観音経は観世音菩薩による衆生済度（しゅじょうさいど）の様子を説く経文です。

たとえ一部であっても、これだけの経文を毎日唱えるにはかなりの時間と労力を費やさねばならず、生半可な思いで続けられるはずもありません。頼朝に強い意志があったとすれば、それを支えていたのは自分がやらねばならないという、武門源氏の嫡系（ちゃくけい）としての使命感及び自尊心でしょう。

頼朝は義朝の三男でしたが、生母が熱田大宮司藤原季範（すえのり）の娘で、同家は下級とはいえ、京都の貴族社会の一員でした。長兄義平や次兄朝長をはじめ、他の兄弟の生母がみな身分の低い女性であったことから、当時の習慣に照らして、家督を継ぐのは頼朝で決まりだったのです。

季範以下、熱田大宮司家は待賢門院に仕えていました。待賢門院の本名は藤原璋子。鳥羽院の天皇在位時に皇后であった女性で、崇徳・後鳥羽両天皇の生母です。義朝は熱田大宮司家の伝手で貴族社会への仲間入りを果たし、頼朝もまた12歳の春に任官。それからわずか一年半で従五位下・右兵衛権佐になるなど、院（上皇・法皇）の近臣の子弟並みの出世で、武門としては異例のスピード昇進を果たすのでした。

待賢門院（藤原璋子）。鳥羽天皇の中宮（法金剛院所蔵）

まだ幼さの残る年頃ですが、短期間とはいえ、物覚えの一番よい時期に貴族社会へのデビューを果たし、貴族文化を生身で味わった経験は、頼朝の生涯に大きな影響を及ぼしました。法華経をはじめとする仏教はその一部です。

もっとも、好事魔多しとはよく言ったもので、保元の乱という大流血をきっかけに得られた大出世だけに、再び大流血が起きたときに敗者となれば、すべてを失う危険がありました。事実、頼朝はこの後に起こった平治の乱では、まだ13歳ということで一命こそ救われますが、伊豆国へ流されます。流刑には近流・中流・遠流の三等があり、伊豆への配流は安房国・常陸国・佐渡国・隠岐国・土佐国などへの配流と並び、流刑のなかでももっとも重い罰とされていました。

武門源氏はなぜ八幡神を信仰したのか？

そもそも源氏とは、過剰になった皇族を減らすため、自活の意志ある子弟に与えられた姓の一つで、嵯峨天皇以下、淳和・仁明・文徳・清和・陽成・宇多・醍醐・村上・花山の各天皇からそれぞれ別個の源氏が生まれました。

『大江山酒呑童子絵巻』©国立国会図書館デジタルコレクション

『源頼光と四天王　土蜘蛛退治之図』（歌川国芳画）
真ん中に源頼光、その左に坂田金時（金太郎）

このなかで武門源氏となったのは清和源氏の後裔で、大江山の鬼退治で知られる源頼光は武門源氏のなかでも摂津源氏、その三弟の頼信は河内源氏の祖とされます。

摂津源氏の源頼政は保元・平治の乱で上手く立ち回り、平氏の世になっても、京武者のなかで唯一の武門源氏として生き残りますが、その頼政もやがて平氏政権に不満を募らせ、子の仲綱ともどもひそかに平氏打倒を目論みます。『吾妻鏡』によれば、自分たちだけでは成功が覚束ないというので

石清水八幡宮（京都府）©pixta

以仁王に働きかけ、「清盛法師及びその従類たち謀叛の輩を追討すべきこと」と題する令旨を下してもらったのが治承4年4月9日のことでした。

以仁王は後白河の第二皇子で、令旨とは皇族により発せられた命令書を言います。4月27日、以仁王の令旨をはるばる北条館に住む頼朝のもとへもたらしたのは源為義の十男で、頼朝から見れば叔父にあたる源行家でした。

同じく『吾妻鏡』には、このとき頼朝は衣服を着替え、まず男山の方角を遥拝した後、謹んで令旨を開いたと記されています。男山とは京都盆地の西の門戸をなす山のことで、山頂には石清水八幡宮が鎮座していました。遥拝とは文字通り、遥か遠いところから拝むことを言います。

頼朝はなぜ石清水八幡宮を拝んだのでしょう。その問いに答えるためには、八幡信仰の成立から説き明かしていかねばなりません。

八幡神とはもともと九州・豊後国宇佐の地方神でしたが、749年に東大寺の大仏建立を奨励する神託、769年に道鏡の即位に反対する神託を下したことを通じて全国的に知名度を挙げ、781年には朝廷から菩薩号を贈られます。その頃には応神天皇と同一視されるようになっていました。応神天皇単独ではなく、神功皇后と比売大神（宗像三女神）の三（五）神一体とされることが多いのですが、中心はあくまで応神天皇です。

860年には大和国大安寺の行教という僧侶によって宇佐から平安京の裏鬼門にあたる地に八幡神が勧請されますが、このとき王城鎮護・護国の神として男山に創建されたのが石清水八幡宮です。清和天皇による869年の告文（祖霊に告げる文）では八幡神も皇大神（天皇家の祖神）とされていますから、天照大神と並ぶ宗廟神にまで昇格したことがわかります。

石清水八幡宮への河内源氏の帰依は、頼朝から数えて6代前の祖先、清和天皇から4代の子孫にあたる源頼信に始まります。頼信が1046年に石清水八幡宮の神前に捧げた告文のなかで、八幡大菩薩を「源氏の氏神」と崇めているのがその証拠です。

また南北朝時代に成立した諸系図の集大成『尊卑分脈』には、頼信の子・頼義に関する以下の伝承が記されています。

> 源頼義が石清水八幡宮に参籠したとき、社殿で三寸の霊剣を賜る夢を見た。目覚めてみると、枕元に小剣があったので、感涙を拭って持ち帰り、家宝とした。やがて生まれたのが義家で、頼義が義家七歳の春に、石清水八幡宮の神前で元服させた。そのため八幡太郎と称されるようになった。

後世の創作と思われますが、伝承は時として史実につながるヒントを与えてくれます。元服と言えば、義家の二弟義綱は賀茂社、三弟の義光は園城寺の新羅明神で遂げていますから、頼義の代には氏神が一つに限定されていなかったことがわかります。

それが石清水八幡宮に一本化された理由としては、義家の子孫がもっとも成功したことに加え、地理的な要件、朝廷の儀礼などとの関係が考えられます。

頼信・頼義のとき、河内源氏の本拠地とされていたのは、現在の兵庫県川西市多田院多田所町です。そこから石清水八幡宮までは山を一つ越えるだけ。八幡大菩薩と同一視された応神天皇はこれといった事績のない天皇ですが、『古事記』『日本書紀』では、生母・神功皇后による三韓遠征の成功はお腹に宿っていた応神のおかげというので、武神としての性格も有していました。武門源氏の最右翼となりうる河内源氏の氏神として十分な条件を満たしていたのです。

朝廷の儀礼に関していえば、石清水八幡宮に奉幣を捧げる勅使には源氏の公卿をあてるのが慣例で、１０８１年には源義家が武士の身としては初めて奉幣使を務めており、おそらくこれが、石清水八幡宮を武門源氏唯一の氏神とする上で決定的作用をもたらしたものと考えられます。

これより前の１０６３年、前九年の役の平定を終えた頼義は八幡神への感謝を示す意味もあって、鎌倉の由比郷に八幡神の分霊を勧請します。小さな祠と思われますが、１０８１年に義家が訪れたときにはひどく荒れ果てていたので、大幅な修理を施しました。これが鶴岡八幡

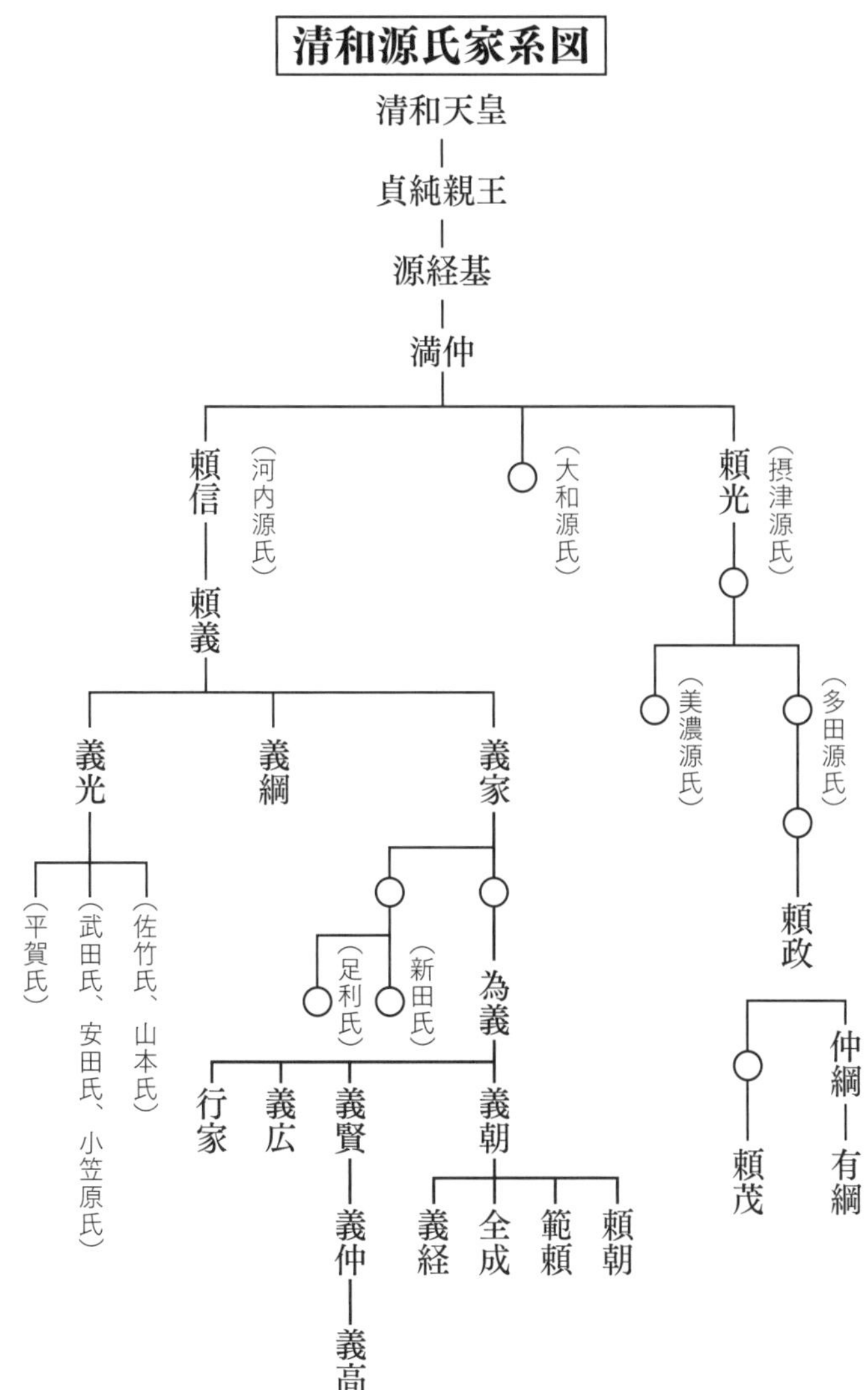
清和源氏家系図
清和天皇
貞純親王
源経基
満仲
頼信
(河内源氏)
(大和源氏)
頼光
(摂津源氏)
頼義
(美濃源氏)
(多田源氏)
義光
義綱
義家
(平賀氏)
(武田氏、安田氏、小笠原氏)
(佐竹氏、山本氏)
(足利氏)
(新田氏)
為義
頼政
仲綱
有綱
頼茂
行家
義広
義賢
義仲
義高
義朝
義経
全成
範頼
頼朝

宮の前身で、頼朝もたびたび訪れていたはずです。

たとえ京都の男山まで足を運ばずとも、武門源氏の命運に関わる大事であれば、八幡神に祈りを捧げるのは当然でした。そのため以仁王の令旨を開くにあたっても、まずははるか西方の男山に向かって遥拝をしたのです。

右に公卿という語句を用いましたが、これは本来、朝廷の官位が三位(さんみ)以上の高官を指す言葉でしたが、平安時代末には摂政、関白、内大臣(ないだいじん)、中納言、四位(しい)の参議まで含むようになりました。最初から貴族の道を歩んだ宇多源氏や村上源氏は常連でしたが、武門源氏にはなかなか手の届かない高い壁だったのです。

頼朝伝説を伝える場所が社寺ばかりなのはどうしてか？

流人である頼朝がかなりの自由を享受できたのは、20年のうちかなりの期間、伊豆国が源頼政・仲綱父子の統治下にあったことと関係します。同族の誼(よしみ)というやつです。

平氏もそれを承知していたので、当初は東伊豆の工藤祐継(くどうすけつぐ)に、祐継の死後は工藤氏と同族の伊東祐親(いとうすけちか)に頼朝の監視を命じます。二人とも同じく平氏の家人でした。

監視と言っても、日夜目を離さずにいたわけではなく、相互訪問を頻繁にする程度と思われますが、男女が見初め合うには十分な機会でした。都育ちの貴公子に初心な田舎娘が恋をする。絵に描いたようなお話が現実となり、伊東祐親の娘は妊娠。男の子を生みますが、都での務めから戻った祐親に知られると、生まれた男の子は殺され、娘は別の男と結婚させられます。

さすがに身の危険を感じた頼朝は東伊豆から西伊豆へと居を移しますが、今度は蛭ケ小島のすぐ南に本拠地を置く北条時政の長女・政子と恋仲に陥り、二人のあいだに長女大姫が生まれたのは、1178年頃と考えられます。

現在の静岡県三島市や熱海市には当時の頼朝に関する伝承がいくつも残りますが、その舞台は寺社ばかりです。神仏習合が当たり前の時代ですから、寺院と神社は必ずセットで同じ山内にあり、一山を統括する長官職は別当と呼ばれました。

当時の寺社は荘園領主でもあり、それなりの財力と武力を有していました。都の周辺に本山のあるところや、皇族や有力貴族の後ろ盾のあるところであれば、争い事に慣れた武士でも迂闊に手出しができず、むしろ争い事に慣れた武士ほど、慎重にならざるをえませんでした。比叡山延暦寺や南都の興福寺、後白河院や藤原摂関家などと事を構えるのは極力避けたかったからです。

余人の目を避けられるだけでなく、安全性も高い。だからこそ頼朝と政子は寺社での忍び愛を重ねたのですが、三島市の三島大社と熱海市の伊豆山神社にはそれぞれ、二人の腰掛石なるものが残されています。伊豆山神社は頼朝・政子の時代には走湯山権現または伊豆山権現と呼

三島大社の腰掛石（著者撮影）

伊豆山神社の腰掛石（著者撮影）

ばれていました。

話は少し先走りますが、頼朝が旗揚げに成功した翌日の夜、政子は北条館から覚淵を頼りに伊豆山へ移ります。頼朝との連絡が途絶えてからは、やはり覚淵の手配で、秋戸郷という土地に身を潜めますが、覚淵はどうして身の危険を顧みず、頼朝と政子のためにそこまでしてくれたのでしょうか。

頼朝との師弟関係だけで説明のつくものではありません。大事がなった暁には蛭ケ小島を寄進するとの約束もありましたが、頼朝が敗亡しては元も子もありません。実はこれらのこと以外に大きな要因があったのです。

答えは覚淵の出自にあります。ウエブ版『新纂浄土宗大辞典』は『醍醐寺文書』と称される史料群を根拠に、覚淵の俗姓（出家前の姓）は加藤で、頼朝の旗揚げに参加した加藤景廉、及び浄土宗の開祖・法然に弟子入りした源延を覚淵の兄弟としています。

加藤景廉の父景員は伊勢国の人。平氏家人を殺めてしまったことから伊豆の狩野茂光を頼りました。茂光と次男の景廉が頼朝の旗揚げに加わったことから、景員も長男光員ともども合流しますが、石橋山の戦いに敗れて箱根山中を逃げる途中、足手まといになることを恐れた景員は息子たちに走湯山まで送ってもらい、出家します。もっとも、のちには入道のまま戦場に復帰しているので、かなりご都合主義的な出家です。

それはともかく、子弟の一人または複数を出家させるというのは、当時の貴族社会で広く見られた習慣です。のちに天台座主（比叡山延暦寺のトップ）になる慈円も6年間にわたり関白を務めた九条兼実の同母弟で、父の忠通も4代の天皇のもとで摂政関白を務めた経験があります。

秋戸郷跡（熱海市・著者撮影）

来世に関して少しでも多くの安心を得ようと、子弟の誰かを早くから出家させる慣例が根付いていたのですが、武家社会にもこれは受け入れられました。

当時の西ヨーロッパ社会もよく似ていて、分割相続を重ねていては共倒れが必至なため、子女の何人かは必ず教会や修道院に入れられたものです。魂の平安と一族の繁栄をひたすら祈り続けるわけで、もちろん実家からは莫大な金銭や土地が寄進されます。

西欧の教会・修道院もやはり封建領主を兼ねていましたから、一族から司教や修道院長になる者が現れれば、実家も莫大な恩恵を期待で

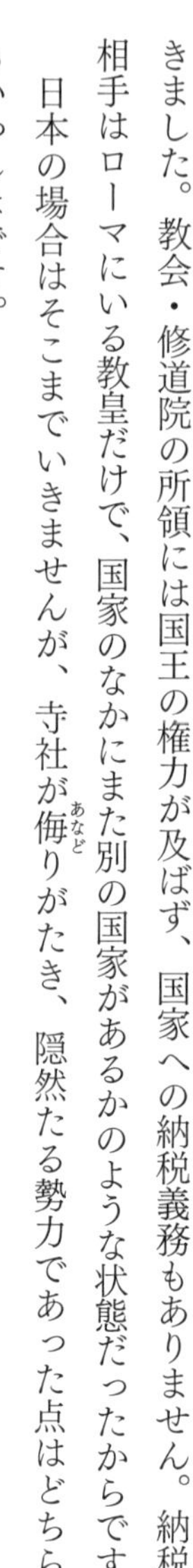

きました。教会・修道院の所領には国王の権力が及ばず、国家への納税義務もありません。納税相手はローマにいる教皇だけで、国家のなかにまた別の国家があるかのような状態だったからです。

日本の場合はそこまでいきませんが、寺社が侮(あなど)りがたき、隠然たる勢力であった点はどちらもいっしょです。

挙兵の日は卜筮で決められた！

4月27日に以仁王の令旨に接しながら、頼朝の反応は極めて鈍いものでした。頼朝の身辺が慌(あわ)ただしくなるのは、以仁王と源頼政・仲綱父子が敗死してからしばらく後のことです。

頼朝は都に三善康信(みよしやすのぶ)という情報提供者を有していました。母の姉が頼朝の乳母(めのと)の一人であった縁から、康信は10日に一度、毎月3回使者を送って、洛中の情報を伝えていたのですが、今回は使用人ではなく、弟の康清(やすきよ)を使いに立ててきたので、ただ事でないことは明らかです。案の定、康清の口から伝えられた康信の考えは穏やかなものではありませんでした。

「以仁王の令旨を受けた源氏は、すべて追討せよという命令が出されています。あなた様は源氏の正統ですから、特に御注意が必要です。早く奥州(おうしゅう)のほうにお逃げください」

ここに出てくる奥州とは現在の東北地方のことです。藤原秀衡(ふじわらのひでひら)という人物が朝廷への納税を続けながら、半独立状態を維持しており、平氏政権も手を出せずにいたのです。

『吾妻鏡』によれば、頼朝が三善康信からの情報に接したのは6月19日のことです。同じく『吾妻鏡』によれば、頼朝が具体的な反応を示したのは同月24日のことで、側近の安達盛長と中原光家を使者に立て、源氏累代の家人に呼びかけを始めさせています。

頼朝はどう対処すべきか5日間悩み続けたのでしょうか。それとも、追って新たな動きがあったのか。どちらとも断言できませんが、時期的にみて、伊豆国の人事異動が関係していたのかもしれません。源頼政・仲綱父子に代わり、伊豆国知行国主に平時忠（清盛の正室の兄）、受領に時兼（時忠の子）が任じられ、頼朝と同じく流人であった平兼隆が目代に指名されたのです。

知行国主とは一国の収益を得る権利と、国守の推挙権を持つ高等地方官で、受領は国司官長の別称です。京都から地方に派遣されるのは上から守、介、掾、目の四等官まででしたが、時忠・時兼のような清盛に極めて近い大物が地方に赴任することはありませんから、現地での一切は代官である目代に託されることになります。

目代に指名された兼隆は洛中の治安に責任を負う検非違使の経験者でしたから、相当腕が立ち、流刑にされたくらいなので、性格も荒々しかったはずです。伊豆では蛭ケ島を眼下に眺める韮山山中の山木というところに館を構えていました。

『吾妻鏡』の8月2日の条には、「相模国の住人、大庭三郎景親をはじめ、去る五月の合戦のために在京している東国の武士たちが多く帰国した」との記述があります。「去る五月の合戦」とは以仁王と源頼政及びそれに加担した園城寺衆徒（しゅと）の討伐を指しており、都周辺の情勢が落ち着いたので、東国の武士に帰国が許されたわけですが、彼らには東国で存命の源有綱（みなもとのありつな）（頼政の孫）を討伐するよう命令が下されていたらしく、頼朝が自分も討たれるのではないかと不安になってもおかしくない状況でした。

しかし、前にも記したように、『吾妻鏡』は北条氏による執権体制の正統化を意図して編纂されたものです。北条一族の全面協力のもと行われた源頼朝の旗揚げも正当防衛として描く必要がありました。そのため旗揚げに至るまでの事情について、『吾妻鏡』にある内容を全面的に信用するわけにはいきません。

身に危険が迫ったのでやむなく挙兵したのか、ただの口実にすぎなかったのかの判断は何とも難しいところですが、近年の研究では、一時は虚構と見なされていた後白河院の密旨が再注目されています。

後白河院は天皇の上、複数いる院のなかでもトップに立つ「治天の君（ちてんのきみ）」ですから、その命令書の重みは以仁王の令旨とは比較になりません。密旨が本当に発せられていたのであれば、頼朝はどんなに無謀と思えても実行しなくてはならない状況に立たされたことになります。

『吾妻鏡』によれば、頼朝が旗揚げの血祭りに選んだのは山木館の平兼隆で、8月6日には卜（ぼく）

後白河院

筮（ぜい）により、17日寅卯（とらう）の刻（午前5時）を決行の日時と定めます。

ここにある「卜筮」とは占いのことで、卜占（ぼくせん）に同じです。どのような占いが行われたかは定かでありませんが、実施を命じられたのは藤原邦通（ふじわらのくにみち）と佐伯昌長（さえきまさなが）の二人です。

藤原邦通は京下りの下級貴族で、大和判官代と呼ばれていたから、大和国の国衙領か荘園で年貢の徴収をしていたことがあるのでしょう。頼朝の命で平兼隆に近づき、完璧な地形図を仕上げていますから、人の心をつかむ術と絵画の才に秀でていたことがうかがえますが、少なくとも占いのプロではありません。

一方の佐伯昌長は筑前（ちくぜん）国住吉神社の神官で、頼朝と同じく配流の身として伊豆国にいました。神官であれば何らかの占いに通じていたとしてもおかしくはなく、おそらく当日の卜筮は昌長が主で、邦通は介添えに過ぎなかったと思われます。

これまた断定はできませんが、頼朝が貴族社会の先例に倣（なら）ったとするなら、陰陽道に基づく占い＝六壬式占（りくじんしきせん）の可能性が高いと言えます。

大事なことを占いで決める。現代人は非科学的として退けるでしょうが、中世の人びとにしてみれば、極めて合理的な選択でした。話し合いでは永遠に決まらない案件、全会一致を得られない案件を、神の意志あるいは運に委ねるというのは、角を立てることなく場を収めるに賢明な方策だったのです。

古代の日本では、「誓約」の名で、神に祈りを捧げながら事の成否や吉凶を占うことがしばしば行われており、『古事記』『日本書紀』でも随所に見られます。

平安時代には鹿の肩甲骨や亀の甲羅を用いる例は稀になりますが、占い自体は廃れることはありませんでした。

陰陽道における占いは六壬式占と呼ばれ、安倍晴明が中国伝来の諸書をまとめた内容に自身の解説を加えた『占事略決』という書は、長らく陰陽道の聖典のごとく扱われていました。

現存するものが原本の純粋な写本であれば、式盤諸神の組み合わせ方や推断の求め方、病気や出産、失せものなどの占い方が36章にわたり解説されています。

ここに出た式盤とは陰陽道の占いに欠かせない道具の一つで、文字や記号の記された天盤と地盤の組み合わせであることから、天地盤とも呼ばれます。

あまり知られていない頼朝の陰陽道事始め

8月6日の卜筮が陰陽道に拠るのかどうかは不明ですが、決行を翌日に控えた同月16日に実施された儀礼は明らかに陰陽道のものでした。『吾妻鏡』には次のようにあります。

> 昨日から雨が降っていて一日中止まなかった。明日の合戦が無事に成功するように祈祷を始められた。住吉小大夫昌長（しょうたいふまさなが）が天曹地府祭（てんそうちふさい）を勤めた。武衛（源頼朝）が自ら鏡を取り、昌長に授けられたという。永江蔵人頼隆（ながえくろうどよりたか）は一千度のお祓（はらえ）を行ったという。

実施されたのは天曹地府祭という儀礼で、執行者は住吉小大夫昌長と永江蔵人頼隆とありますが、前者は先に出た佐伯昌長のことで、後者の姓名は大中臣（おおなかとみ）頼隆。伊勢神宮の祀官（しかん）の子孫で、数年前から相模国の波多野義常（はたのよしつね）に仕えていましたが、義常と反（そ）りが合わず、決行の少し前に頼朝のもとで神職を勤めたいと、転がり込んできていたのでした。

次に天曹地府祭ですが、これに言及する前に、順序として陰陽道について簡単に説明しておかなければなりません。

少し乱暴なまとめ方をするなら、陰陽道とは中国から伝えられた陰陽五行説に基づく占いを基本にしながら、そこに祓や反閇（へんばい）などの呪術、祭祀を取り入れた呪術宗教です。史料の上では平安時代の9世紀後半から確認できます。

厳密に言うなら、陰陽寮（おんみょうりょう）という中央官庁があって、そこで陰陽道という術をもって仕える者を陰陽師、彼ら人材とその術を含めて陰陽道と称したのですが、とりあえずは以下の2点だけ抑えておけば十分です。

陰陽道＝中国から伝えられた陰陽五行説に基づく占いや信仰の総称
陰陽師＝陰陽道の専門技能者

陰陽五行説とは陰陽説と五行説の融合により生まれたもので、陰陽説と五行説はどちらも古代中国の神秘思想です。簡潔に言うなら、万物は陰と陽という性格の相反する2つの要素の接触と変化からなると説くのが陰陽説、万物は水・火・木・金・土の五元素の果てしなき流転からなると説くのが五行説です。

古代中国には陰陽説と五行説以外にも、風水説や易（太古の占い法）、讖緯説（予言の真の意味を読み解く）、災異説など多種多様な神秘思想があり、これらと老荘思想（黄老思想・道家思想）が合わさって、魏晋南北朝時代に道教という民族宗教が成立します。

8世紀後半以降、今度は道教と密教の融合が進みます。当時の日本から赴いた遣唐使は様々な制度や思想を持ち帰りました。それには密教と道教も含まれていたのですが、多くの経典に加え、最澄や空海という生身で学習した僧侶もいた密教に対し、道教にはそれを目的に留学し

陰陽を表す太極図

五行配当表

	木	火	土	金	水
季節	**春**	**夏**	**土用**	**秋**	**冬**
方位	**東**	**南**	**中央**	**西**	**北**
色	**青**	**赤**	**黄**	**白**	**黒**
惑星	**太歳**（木星）	**熒惑**（火星）	**鎮星**（土星）	**太白**（金星）	**辰星**（水星）
家畜	**犬**	**羊**	**牛**	**鶏**	**鹿**

た者が一人もおらず、あくまで教養の一部という扱いであったため、平安時代の日本で道教の名が広まることはなく、陰陽五行説の名でくくられたのです。

　この陰陽五行説に古神道や修験道などが混ぜ合わさって生まれたのが陰陽道ですので、そこには五行説系統の神もいれば、道教系統、密教系統、浄土系統の神もいます。

　ここで8月16日に頼朝が行った天曹地府祭に戻ると、「曹」と「府」はどちらも役所を意味する言葉です。同祭は寿命延長と息災を祈願するためのもので、祀られたのは天曹、地府、水官、北帝大王、五道大王、泰山府君、司命、司禄、六曹判官、南斗好星、北斗七星、家親丈人の12神のはずです。それぞれの職掌は以下のようになります。

天曹：天の神々
地府：地獄（冥府）の役人
水官：水の神々

北帝大王：道教の北岳恒山。中国五岳の一つを神格化
五道大王：冥府で死者の罪業を裁く十王の一席。五道転輪王
泰山府君：道教の東岳泰山。冥府の統治者。中国五岳の一つを神格化
司命：人の寿命を司る天神
司禄：人の寿命を司る天神
六曹判官：六道の裁判官
南斗好星：道教の南斗星君
北斗七星：人の寿命を司る
家親丈人：祖霊

以上を見ても明らかなように、星や方角、天・地・水というあらゆる空間を包括した上、祖霊と寿命を司る神で固められています。冥府の責任者が含まれるのは、彼らにも人間の寿命を操作できると考えられたからです。

次に千度祓に言及します。祓自体は古神道でも見られますが、それは朝廷や天皇による神事としての大祓に限られ、宮廷外で行われる祓は陰陽師の領分でした。罪・穢れの除去に限らず、除服（喪明け）の儀式、除病・安産・呪詛返しなどを目的に行われることもあり、「千度」は

回数の多さを示すだけで、何かを千回するわけではありません。8月16日の千度祓は、平氏による目に見えない圧力を取り去ることを意図したように見受けられます。

現存する文字史料からわかる限りでは、これが頼朝にとっての陰陽道事始めです。正規の陰陽師を欠いていますが、この事実からは、京都の下級貴族や地方の神官でも陰陽道の式次第について、それなりの知識を有していたことがうかがわれます。必須の教養であったとしてもよいかもしれません。

「人事を尽くして天命を待つ」とは北宋の胡寅(ほくそうのこいん)（1157年没）という儒者(じゅしゃ)がその著『読史管見(どくしかんけん)』に記した言葉で、日本に伝来していたかどうか怪しいのですが、頼朝の置かれた状況はまさにこれでした。

非科学的の一言で片づける人もいるでしょうが、それでは多くの命を預かる人間としては失格です。事の成否が予測できない状況であればなおさら、神を味方につけたとするパフォーマンスが必要だったのです。東国武士には初耳の祭祀で、神の名も馴染みのないものばかりだったでしょうが、その点は畏怖(いふ)の念を植え付ける上で、かえって好都合だったのではないでしょうか。

夢に神仏が現れた！　夢想告と観音信仰

8月17日の山木館襲撃は成功し、頼朝軍は兼隆を討ち取ることができました。従った武士たちには、天曹地府祭の効験と思えたかもしれません。しかし、平氏家人の大庭景親と伊東祐親に挟撃されるかたちとなった同月24日の石橋山の戦いでは大敗北を喫し、多くの将兵を失ったうえ、深い山中を逃げまわる羽目となります。

現在の神奈川県湯河原町には「しとどの窟」呼ばれる巖窟があり、頼朝主従が一時身を潜めた場所と伝えられます。『吾妻鏡』によれば、このとき頼朝は髻のなかに納めていた正観音像を取り出し、「自分の首といっしょにこの本尊が敵の手に渡れば、源氏の大将軍のすることではないと、後々まで非難されるだろう」と言って、その場に放置していくことにしました。

しとどの窟（石橋山の戦いの敗戦後に一時潜伏・著者撮影）

正観音像の正観音とは十一面観音や千手観音のような多面多臂ではない通形の観世音菩薩のことで、聖観音とも呼ばれます。

元来は生き物が生死を繰り返す6つの世界＝六道のひとつで地獄を受け持つ菩薩で、鎮護国家や招富、除災などの現世利益を期待されましたが、10世紀頃から来世的色彩をも帯び始め、現世と来世の利益を兼ねることとなります。観音信仰の流行とともに霊場の数も増え、33種の変化身があるというので、1161年には西国観音霊場三十三所が成立。法華経の信仰が読経や写経の形式をとったのに対し、観音信仰では観音像の保持や巡礼などの行為が信仰の証となっていました。

頼朝の観音信仰も生半可でなく、大事な旗揚げにも影響しました。予定していたほどの兵が集まらず、延期を選択肢に入れねばならなくなったとき、19日では事が露顕してしまうに違いなく、そうかと言って18日もありえませんでした。頼朝は幼少時から、毎月18日を不殺生の日と定めていたからです。御仏に誓ったことは、どんな状況にあっても破るわけにはいかず、かくして旗揚げは予定通りの日時に決行されたのです。

頼朝の観音信仰との出会いには、夢が関係します。これまた『吾妻鏡』が伝える逸話ですが、頼朝がまだ3歳のとき、乳母の一人が清水寺に参籠して幼児の将来を懇ろに祈り、14日を経たところ、夢のお告げがあり、目覚めてみると、2寸ほどの銀製の正観音像があったので、頼朝も物心ついてからずっとその像を身辺から離さず、篤い帰依を続けたというのです。

先祖の頼義が石清水八幡宮で見た夢とよく似ていますが、このような「夢想告（夢のお告げ）」が『吾妻鏡』には数十件も出てきます。『古事記』『日本書紀』にも東征中のイワレビコノミコト（のちの神武天皇）が夢のお告げで神剣を得る話がありますが、あまりの類似から、神武神話がもととなり、後世の英雄豪傑に関しても、夢のお告げで新たな武器を得る形式が定番化したとも考えられます。

「夢想告」が数十も出てくるくらいですから、『吾妻鏡』にある夢は武器の獲得に限られません。詳しくはその都度触れますが、『吾妻鏡』とほぼ同時期に成立したと見られる『曾我物語』には、「夢売り」の話が出てきます。

北条政子には時子（ときこ）という妹がいました。ある夜、時子が夢を見ます。険しい峰に登り、日月を袖にして、手にはたわわに実った橘（たちばな）を持っているというもので、時子から話を聞いた政子は吉夢とわかりながら凶夢と偽り、災いを避けるには移転の法を行うしかなく、自分がその夢を買ってやろうと、唐鏡（とうきょう）と衣を差し出します。その夜、政子は白鳩が金函（かねばこ）をくわえて来る夢を見ますが、朝になると、頼朝から初めての恋文が届けられていたのでした。

『曾我物語』はこれとは別に、政子と頼朝の夢にまつわる逸話をもう一つ伝えています。

二人して伊豆山権現に参籠したとき、政子は不思議な夢を見ます。権現の宝物殿（ほうもつでん）から中国伝来の大きな鏡を持ち出し、袂（たもと）に収めたまま石橋を下ろうとしたところ、鏡に日本六十余州がすべて映りました。そのことを頼朝に伝えますが、頼朝が「鏡は女性のためのもの」と言うので、政子がそのまま持ち帰りました。

この話は、鎌倉幕府の実権が源氏将軍から北条氏の手中に移ることを正当化するために創作されたと考えられますが、夢が利用されている点はやはり見逃せません。

夢については、ユングやフロイトのような精神分析の第一人者が入念な分析を行いながらも、いまだ全容解明には至っておらず、誰もが経験する身近なものでありながら、もっとも謎の多い世界と言えます。中世の人びとも、彼らなりに夢の意味を合理的に説明しようと知恵を絞ったのです。もちろん、悪用する者も多くいましたが。

ところで、頼朝が巌窟(がんくつ)で置き去りにした正観音像ですが、覚淵と同じく走湯山僧侶・専光房(せんこうぼう)良暹(りょうせん)の弟子が何とかその場を探し当て、鎌倉に持ち帰ったこと、及び頼朝の観音信仰がますます強くなったことが、『吾妻鏡』の12月25日条に記されています。

同じく『吾妻鏡』は、良暹と頼朝は長年にわたり祈祷の師と檀那(だんな)の間柄にあったと伝えており、時期的に見て、ここで言う「祈祷」は陰陽道ではなく、密教のものであったはずです。配流中の頼朝が、すがれるものには漏れなくすがるほど、なりふり構わない切実な思いにとらわれていた様子が垣間見られます。

文陽房覚淵と専光房良暹は二人とも、僧名の前に○○房とつきますが、これは大寺院に属する小院の名称です。現在も京都の大徳寺には多くの院が同居していますが、走湯山の房はそれと同じです。

安房へ落ち延びた頼朝、所願成就の御利益がある洲崎明神にすがる

伊豆・箱根山中で逃走を続けた頼朝主従は房総半島で再起を図ることに決め、8月28日に真名鶴崎（まなづるさき）を船出します。現在の神奈川県真鶴町の岩海岸から相模湾と浦賀水道（うらがすいどう）を横断したのです。

洲崎神社（房総に上陸した頼朝が参拝・著者撮影）

翌日に上陸した場所は安房（あわ）国平北郡の猟島（りょうしま）、現在の千葉県鋸南（きょなん）町竜島です。そこから海沿いに北上して、9月5日には洲崎（すのさき）明神に参詣（さんけい）して、『吾妻鏡』によれば、「呼び集めている勇敢な武士たちが皆、神田（しんでん）を寄進して神の威信を荘厳（しょうごん）に致します」との願文（がんもん）を奉納したとあります。

ここに出た洲崎明神は現在の千葉県館山市州崎に鎮座する洲崎神社を指します。東京湾の出入口を見下ろす場

所にある関係上、古来、航海の神として信仰されたらしく、河内源氏とは何の関係もありませんでしたが、上陸して最初に目についた神社であり、祭神が安房国開拓の神でもあることから、所願成就の御利益も期待できるというので、このときの祈願を縁として、以降、鎌倉幕府に帰依されるところとなります。

それからの頼朝は上総国、下総国、武蔵国を経て、10月6日には相模国に入ります。その間に味方として馳せ参じる武士団が引きも切らず、頼朝が武蔵国を通過中に関東における源平の力関係は完全に逆転していました。

衣笠城跡。物見岩横に建てられた石碑 ©pixta

石橋山の戦いは数では十倍の敵に正面から挑み、敗れるべくして敗れました。佐奈田余一義忠や武藤三郎といった剛の者に加え、その後の掃討戦で北条時政の嫡男宗時を失い、合流を約束していた相模国の三浦義明も本拠地である衣笠城を枕に討死します。

ここまで惨めな負け戦となった頼朝のもとに、味方として馳せ参じる武士団が引きも切らないとはどういうことでしょう。完全に見放されるのであればわかりやすいのですが、その真逆なのですから。

東国武士がこぞって頼朝のもとへ帰参したのは、頼朝を武門源氏の棟梁として認めたからです。

こう言うと、頼朝は最初から武門源氏の嫡系で、認めるも認めないもないではないかと反論されそうですが、実のところ頼朝が武門源氏の棟梁であることも、その家系の正統性も自明ではなかったのです。頼朝が平氏と奥州藤原氏を滅ぼし、鎌倉幕府の基盤を固めた事実から逆算して、その家系を自明のものとする歴史観が創作されたのです。

河内源氏、武門源氏の棟梁が誰かは全体の合意で形成される性格が色濃く、嫡系だからといって安心はできなかったのです。

特に河内源氏は骨肉の争いの多さが目につきました。八幡太郎義家は弟の義綱、頼朝の祖父為義も長男の義朝と対立して、保元の乱ではついに父と子が敵味方に別れています。義朝の長男義平は叔父の義賢（よしたか）を討ち取り、頼朝もこのさき弟の範頼（のりより）と義経（よしつね）を死に追いやるなど、「源氏の血は冷たい」と謗（そし）られるのも無理のない惨劇が繰り返されました。

武門源氏の嫡系を東国武士の棟梁とする考え方も頼朝の偉業がまずあって、過去に遡（さかのぼ）っての粉飾がなされたのです。何ら行動を起こさなくても、頼朝が東国武士の棟梁、武門源氏の棟梁として認められ、仰がれることなどありえず、頼朝が平氏に対抗できる力を蓄えるためには、東国武士の棟梁となる覚悟と武門源氏の棟梁に相応（ふさわ）しい器量の持ち主であることを二つながら天下に示す必要があったのです。

『吾妻鏡』には、以仁王が令旨を発した際、まず頼朝に見せてから他の源氏に伝えるよう命じたとありますが、これにも虚構の可能性がうかがえます。

当時の東国で存命の河内源氏と言えば、義家の次弟義賢の子（木曾）義仲、義家の次男義国の後裔である足利氏と新田氏、義家の三弟義光の後裔である平賀・佐竹・山本・安田・武田・小笠原の各氏、義朝の異母弟（志田）義広などがおり、流人である頼朝とは違って、誰もがそれなりの武力を有していました。頼朝が他の源氏に勝るのは、嫡系という点しかなかったのです。

石橋山の戦いでは十倍もの兵力差があったにも関わらず、正面切っての戦いを挑み、大敗を喫しながらも頼朝は生き延びました。図らずも強運の持ち主であることも実証され、ここに頼朝は晴れて、東国武士が棟梁に頂くに値する貴種として認められたのです。

色褪せることなき平安のスーパーヒーロー安倍晴明の威光

頼朝はかねて鎌倉に目をつけていたようですが、事態の展開があまりに急であったことから準備が間に合わず、とりあえずは民家を仮の館とします。

10月7日には八幡太郎義家が修復した由比郷の八幡社に向かって遥拝を行った後、視察のため亀谷（現在の扇谷）を訪れます。父義朝の旧宅跡地に御所を建設したかったのですが、土地が狭い上に、岡崎義実が義朝を弔うための寺院を建立していたことから、取りやめにします。

安倍晴明の像（晴明神社／京都市上京区晴明町）

同月9日には御所の建設場所も決まり、工期短縮のため、建築資材は既存の建物から移築することにしました。このとき選ばれた建物は正暦年間（990～995年）の建造以来、安倍晴明の「鎮宅の符」が押されているおかげで、一度も火災に見舞われたことがないという代物でした。

安倍晴明は摂関政治を確立させたことで知られる藤原道長と同時代を生きた実在の陰陽師です。現在では日本史上最強の呪術使いとして知られていますが、その実態は陰陽道をもって働く国家公務員でした。

宗教文化史を専門とする山下克明著の『平安時代陰陽道史研究』（思文閣出版）によれば、当時の一次史料からは、安倍晴明が陰陽師として活動した例が65件確認できます。その内訳は以下の通りです。

1. 怪異や病気の原因を占う占術活動が13件（20％）
2. 御禊・反閇や鬼気祭などの呪術・祭祀活動が23件（35％）
3. 神仏事や行幸などの際の日時・方角の吉凶禁忌勘案活動が17件（26％）

この統計から、右の三分野が陰陽師の基本的職務だったとしています。初めて目にする言葉がいくつか出てきたと思いますが、それらについては追い追い説明します。

藤原道長の日記『御堂関白記』も一次史料の一つで、そこから一例を挙げましょう。1005年2月10日の条です。

> 戌の刻、東三条に渡る。上卿十人ばかり来らる。西門に着くの後、陰陽師清明の遅れて来たる。随身を以て召すに、時剋内に来たる。新宅作法あり。

藤原道長が東三条第に引っ越しを行おうとしたが、安倍晴明がまだ到着していなかったため、門前で待たねばならなかった。使用人に様子を見に行かせたら、まもなく到着して、新宅作法が実施された、というのです。

ここにある「新宅作法」は「新宅礼」「新宅儀」などとも呼ばれ、平安貴族にとっては引っ越し（お渡り。移徙）に際して欠かせない儀礼でした。すなわち平安貴族の引っ越しにはプロの陰陽師（官人陰陽師）が欠かせなかったのです。

晴明生誕の地（大阪の安倍晴明神社・著者撮影）

安倍晴明を祀る金閣浮御堂（安倍文珠院・著者撮影）

「新宅作法」は様々な呪術を含む煩瑣な作法からなり、細かいところは追い追い説明するとして、祭祀をしなければならない対象は門神・戸神・井神・竈神・堂神・庭神・厠神など、これから同居することになる宅神（家神）一同と土公神（どくうじん）と称された土地の精霊、空き家に住み着く「モノ（物怪）」などでした。

おそらく「新宅作法」が一通り終わったら、建物のどこかに「鎮宅の符」が押されたのでしょう。頼朝の御所に転用されたのは、山内の兼道という者の邸宅とのことですが、安倍晴明自身に東下する時間があったとは思えず、代理で派遣された一門の誰かが貼ったものと思われます。

東国武士たちがこの時点で安倍晴明の名とその事績について知っていたかどうかは疑問ですが、頼朝の周囲に集まりつつあった下級貴族たちであれば知っていたとしても不思議でなく、東国にまだ本職の陰陽師がいないときであれば、また聞きのまた聞きを重ねることで、陰陽師に対する畏怖の念が必要以上に高まった可能性も十分に考えられます。

鶴岡八幡宮の移設場所を決めかね、籤に頼る

走湯山の覚淵の手配で身を潜めていた北条政子も10月11日に鎌倉入りをします。時間的には前日に入ることができたのですが、日柄が悪かったため、郊外の民家に一泊したと、『吾妻鏡』にはあります。

明記はされていませんが、陰陽道による見立てとみてよいでしょう。まだ東国に官人陰陽師はいませんから、京下りの下級貴族か神官たちが入手可能な教材をもとに、実行したものでしょう。平安時代の京都では、朝廷の年中行事や臨時の行事だけでなく、貴族の私的な儀礼においても、陰陽師に日時や方角の吉凶を調査させてから行うのが慣例化していましたから、下級貴族でも祭祀の次第を何度も目にしていたはずなのです。

とはいえ、所詮は素人ですから、彼らにできることは限られます。頼朝の所願の一つであった八幡宮の大増築にあたり、もっともよい場所を選ぶ作業はさすがに手に余ったのか、最終的には頼朝自身が潔斎をしてから、神前で籤を引くことで決めています。新たに選ばれたのは鎌倉の小林郷で、現在の鶴岡八幡宮のあるところです。当時は神仏習合のため鶴岡八幡宮寺と呼ばれ、一番奥にあって応神天皇・比売大神・神功皇后を祀る本宮は上宮、その手前にあって応神の子の仁徳天皇をはじめ、履中天皇・仲媛命・磐之媛命を祀る若宮は下宮とも呼ばれます。また由比郷にあった元の社も破棄されることなく、現在は由比若宮または元八幡と呼ばれています。

通常の神社は本宮がメインのはずですが、鎌倉幕府が鶴岡八幡宮寺で行う祭祀は若宮がメインとなります。当時は祭神に関係なく、若宮と名のつく神社には非業の死を遂げた怨霊を慰め、鎮める役割が期待されていたとも考えられますが、日本中世思想史を専門とする山本幸司氏は、「そもそも頼義によって勧請されたのは石清水の若宮であって、１９９１年に勧請されたのが石清水の本宮」との解釈を示しています（『頼朝の天下草創　日本の歴史09』講談社学術文庫）。

関東から平氏の勢力を一掃することができたのですから、鶴岡八幡宮寺の造営は所願成就のお礼と見てよいのですが、頼朝にはそれ以外の意図も働いていたはずです。東国武士の棟梁となる自身の権威を明確化・視覚化するには造営中の御所だけでは足りないと考えたのではないでしょうか。当時の倣い（なら）として功成り名を遂げた者が壮大な寺社を建立するのは自然な発想で、頼朝にとって最優先されるべきは武門源氏の氏神である八幡宮でした。

頼朝への臣従を誓った下級貴族や神官たちは陰陽道に関する知識を持つとはいえ、実際の運用では初級レベルであったと思われます。なぜなら、陰陽師になるには陰陽寮で猛勉強をしなければならなかったからです。

陰陽寮という役所名が史料上で確認できるのは６７５年が最初です。前掲の山下克明氏の著作によれば、陰陽寮は中国・唐（とう）の制度に倣った組織で、長官職の陰陽頭（おんみょうのかみ）以下、助（すけ）・允（じょう）・大（たい）

属・少属の事務官僚からなります。技術分野には4部門があり、それぞれに専門家や学生が配され、必要に応じて仕事を割り振られました。833年に施行された養老律令の公定注釈書『令義解』によれば、技能分野には次の4部門がありました。

1. 陰陽部門〈占筮と地の吉凶を占う〉陰陽師・陰陽博士・陰陽生
2. 暦部門〈毎年の暦を作り日月食の吉凶を占う〉暦博士・暦生
3. 天文部門〈天文や気象の変異を占う〉天文博士・天文生
4. 漏剋部門〈漏剋の管理と時報〉漏剋博士・守辰礼

また六国史の一つである『続日本紀』には、修得すべき教材として、以下の書が挙げられています。

陰陽生：周易、新撰陰陽書、黄帝金匱、五行大義
天文生：史記天官書、漢書天文志、晋書天文志、三家簿讃、韓楊要集
暦生：漢書律暦志、晋書律暦志、大衍暦議、九章、周髀、定天論

どれも中国伝来の専門書で、陰陽生に課せられた周易とは、儒学の基本経典・五経の一つである『易経』のことで、他の3書は日時の吉凶禁忌や式占・五行説に関する書です。あくまで757年時点の教材なので、時代が下ればそれだけ、読まなくてはならない教材の数も増え、拠らねばならない先例の数も増えますから、部外者が片手間で完全習得するのは事実上不可能

でした。陰陽道は高度な特殊技能という扱いだったのです。

余談ながら、12世紀中頃以降、陰陽博士は安倍・賀茂（かも）二氏による独占状態になりますが、それぞれに多少得手不得手があり、安倍氏が陰陽部門と天文部門を得意としたのに対し、賀茂氏は陰陽部門と暦部門を得意としました。

異母弟・荒くれ悪禅師 阿野全成の役割

頼朝の挙兵には佐々木定綱（さだつな）・盛綱（もりつな）・高綱（たかつな）兄弟も参加していました。彼らの父秀義（ひでよし）は平治の乱に際して源義朝の味方として戦い、頼朝が伊豆国へ流されてからも平氏に靡（なび）かなかったことから、祖先伝来の地である近江国（おうみのくに）佐々木庄を取り上げられてしまいます。そこで母方の伯母の夫である藤原秀衡を頼ろうと奥州へ向かいますが、相模国まで来たところで、彼に一目置く渋谷重国（しぶやしげくに）の好意に甘えて居候生活を20年も続け、その間に子息の定綱らが頼朝に仕えるようになっていたのです。

石橋山の戦いに敗れ、頼朝ともはぐれてしまった佐々木兄弟は8月26日、箱根の山奥を出たところで、思わぬ人物と遭遇します。その名は全成（ぜんじょう）。頼朝の異母弟にあたります。

全成の生母は九郎義経と同じく、九条院（くじょういん）（近衛（このえ）天皇の皇后）の奥向きの召使いであった常盤御前（ときわごぜん）です。常盤は義朝との間に今若（いまわか）・乙若（おとわか）・牛若（うしわか）の三児を生みますが、平治の乱で義朝が殺されたことで、3人はそれぞれ別の寺社に入れられることとなりました。

三児のなかでも最年長の今若は都の醍醐寺に入れられ、成長を待って剃髪しますが、剛毅な性格であったことから、「醍醐寺悪禅師」と呼ばれました。頼朝が挙兵したと聞くと居ても立ってもいられず、醍醐寺を抜け出して、東国へ下ります。箱根で偶然出会った佐々木兄弟とともに渋谷重国邸に赴いてからしばらくして、下総国鷺沼で頼朝との合流を果たし、同年11月19日には頼朝から武蔵国長尾寺を譲渡されます。

それから間もなくのことと思われますが、全成は駿河国阿野庄を与えられ、阿野全成または阿野法橋と称します。「法橋」とは法印、法眼に次ぐ僧侶の位で、阿野は姓でなく、名乗りのようですが、これと前後して、北条政子の妹時子と結婚したことから、話がややこしくなります。

阿野全成

まだ僧侶の妻帯が認められていない時代ですから、全成も還俗しなければならなかったはずです。還俗しながら俗称として僧名を残したのか、還俗して子供をつくってから再度剃髪したのかはわかりませんが、武門源氏の血を引く彼が子供、それも二人の男児をもうけたことは、のちに身の破滅に直結します。ただし、平時子・平時忠の異父兄にあたる能円も僧侶の身でありながら堂々と妻帯しているので、院か山のトップの許可があ

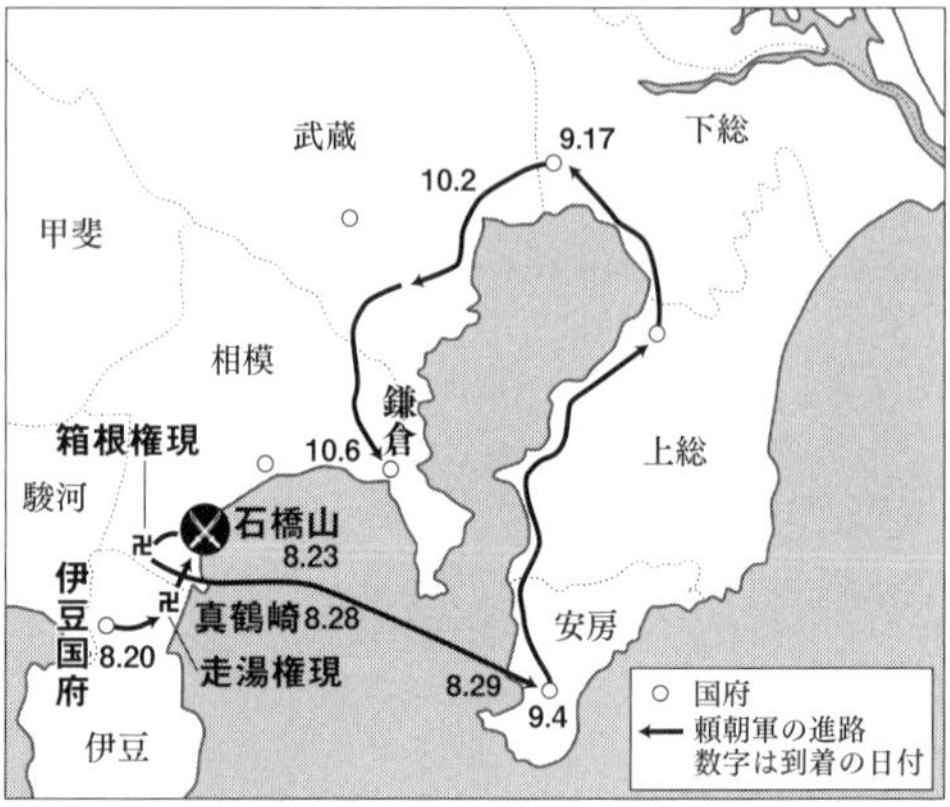

ればよいなど、何かしら抜け道があったものと考えられます。

　話を全成と北条時子に戻しましょう。二人の結婚がいったい誰の意向で行われたのかは明らかでなく、考えられる候補者は源頼朝、北条時政、北条政子の3人です。

　頼朝に男児ができなかった場合、あるいは男児が早世するか不才であった場合の備えとして、さらには武門源氏と北条氏の関係強化という点ではメリットが多そうですが、それは勝手読みにすぎ、実のところ、とてつもないデメリットも想定できました。優先順位が低いとはいえ、全成の男児を擁立すれば、政権奪取に成功する可能性が生じたからです。

　当時の価値観に照らしても、頼朝はかなり猜疑心（さいぎしん）の強い人間でした。全成は醍醐寺で修行していたのですから、真言密教の基礎を学んでいたはずで、もっぱら祈祷をもって武門源氏の発展に貢献させるのが、穏当な道筋でした。密教と陰陽道は互いに相手の要素を取り入れながら発展した歴史があるため、密教にも陰陽道に負けないくらいの効果が期待できました。そのた

頼朝軍の進路図

め頼朝が全成の還俗に積極的であったとは考えづらいのです。

そうだとすれば、可能性が高いのは北条時政・政子の父娘です。二重の婚姻関係を結んでおけば、頼朝の血筋が途絶えても慌てなくてすみます。全成と時子の間に生まれた男児に後を継がせれば、北条氏が外戚として影響力を保持し続けることができるのですから。

頼朝も武蔵国長尾寺を与えた時点では、兄弟で聖俗の役割分担をする計画を抱いていたと思われますが、舅と妻からせっつかれては、嫌とも言えなかったのでしょう。

ちなみに、北条時政には前妻と後妻との間であわせて11人の娘があり、政子は長女、時子は三女です。間に位置する次女は源氏一門の足利義兼、五女も同じく源氏一門の平賀朝雅、四女は武蔵国の畠山重忠と結ばれています。

ついでながら、北条政子の結婚年齢が21か22歳と、当時の常識に照らせば非常に遅い点は、不可解と言うしかありません。頼朝を婿として迎えた時点の所領が思いのほか狭く、頼朝の挙兵時に動員できた兵力が一族郎党合わせても50人に満たず、目代の首を獲ったのが追って援軍として派遣された佐々木盛綱と加藤景廉であったことなどをあわせ考えると、婚姻関係を結ぶには弱小すぎて避けられていた可能性もありますが、それ以外に理由があるとするなら、頼朝と出会う前に死別したか離婚したかで、政子には婚姻歴があったと考えるのが自然です。後になってすべての証拠が消し去られたのではないでしょうか。

コラム2 『北斗の拳』で知る北斗と南斗

「ヒデブー!」

「お前はもう死んでいる」

50歳以上の人であれば、この2つのセリフを見ただけで、作品名を当てることは容易でしょう。前者は悪党の雑魚(ざこ)が発する断末魔の叫び、後者は主人公ケンシロウの決め台詞の一つです。改めて言うまでもないでしょうが、その作品とは武論尊(ぶろんそん)原作・原哲夫作画の漫画『北斗の拳(けん)』です。

ケンシロウは北斗神拳という中国武術の第64代伝承者。胸に北斗七星とよく似た7つの傷があるため、巷(ちまた)では「7つの傷の男」「胸に7つの傷」で通っていました。

タイトルに「北斗」の名を冠するだけあって、同作品は星にまつわる伝説が数多く散りばめられ、陰陽道からの強い影響のもと成立した密教の星宿法を彷彿(ほうふつ)とさせる考え方も盛り込まれています。

星に関して言うなら、『北斗の拳』をより楽しむためにも、北斗七星と南斗六星及び死兆星については多少知っておくことをお勧めします。

北斗七星とは西洋で言う「おおぐま座」の熊の背から尾の部分なす七つ星のことで、北の空にあり、柄杓の形に見えることから、古代中国では北斗七星の名を与えられました。個々の星は枢・旋・璣・権・玉衡・開陽・揺光の名を付され、枢から権の四星は斗魁、玉衡から揺光の三星は斗杓または斗柄と呼ばれました。

陰陽寮の天文部門で教材とされた『史記』の「天官書」には、北斗七星に関して次のようにあります。

> 北斗は天帝の乗車で、天のなかを巡り、四方を統一し、陰陽の区別を立て、四季を分け、五行の活動を滑らかにし、二十四節気を動かす。これらのことはみな北斗の役割である。

同じく『漢書』の「天文志」にある説明は以下の通りです。

> 北斗は天帝の乗車で、天帝はこれに乗って中央を運り、天下に君臨し、陰陽を分け、四季を立て、五行を均しくし、季節を移し、もろもろのきまりを定める。これはみな北斗にかかった仕事である。

内容はほぼ同じで、これだけを見るなら、北斗七星が人間界にどんな影響を及ぼすのはわかりづらいのですが、時代が少し下ると北辰（北極星）信仰と習合して、道教ではずばり、個人の運命・寿命を管理する司命神、さらには死を司る神「北斗星君」とされました。

次に南斗ですが、南斗とは西洋で言う「いて座」の中心部に柄杓形に並ぶ6つの星のことで、古代中国では南斗六星と命名されました。天球を28に区分する場合は斗宿と称され、道教では北斗七星とは対の関係にあるとの考えのもと、生を司る神として、「南斗星君」の名を与えられました。

残る一つは死兆星です。北斗七星の柄の端から2番目に近い星ミザールの傍らに見える星アルコルを指します。視力がよくないとミザールと重なって見えることから、アルコルをはっきり目視できなくなれば余命が長くないというので、古来、不吉な星とされてきました。『北斗の拳』では不吉な星という位置づけはそのまま、死兆星が見えたら余命わずかと、現実とは逆の設定にしているのが妙味です。

このように整理してみると、北斗七星・南斗六星ともに、『北斗の拳』のサブタイトルである「世紀末救世主伝説」はもとより、中国拳法との関わりも見出せませんが、陰陽説と五行思想を用いることでその点を上手く料理した武論尊氏の手腕はさすがと言うほかありません。

陰陽説によれば、万物は陰と陽の二気からなり、両者は必要に応じて反発しあうこともあれば、融合することもあります。このような大前提があればこそ、北斗と南斗の対決を宿命とすることもできれば、北斗と南斗の融和が世界平和をもたらすことも可能となったのです。

北斗神拳が一子相伝あるのに対し、南斗聖拳は大きな流派だけで6つもあり、南斗六聖拳と称されますが、慈母星としての宿命を背負うユリアは治癒能力しか持たないため、事実上は五聖拳です。南斗孤鷲拳のシン、南斗水鳥拳のレイ、南斗白鷺拳のシュウ、南斗鳳凰拳のサウザー、南斗紅鶴拳のユダの5人は、殉星・義星・仁星・将星・妖星とそれぞれ異なる宿命を背負わされており、これは五行思想の反映と見てよいでしょう。南斗最後の将となったユリアを守る南斗五車星、すなわち海のリハク、風のヒューイ、炎のシュレン、雲のジューザ、山のフドウの5人についても同じことが言えます。

一子相伝の北斗神拳が陰で、オープンな南斗聖拳は陽。核戦争を生き延びた人類が独裁者の支配下で苦渋の生活を強いられるのか、救世主により解放され、再び自由と平和を手にすることができるのか。人類全体が重大な岐路に立たされていたわけですから、これを陰と陽の究極の対決として描くのは無理のない発想にして展開であり、途中から読みだした読者にもありがたい工夫でした。

残る問題は中国拳法との関係ですが、これには複数の仮説が立てられます。

一つは中国拳法が大きく北拳と南拳に分けられることです。黄河流域で流布したのが北拳、長江流域で流布したのが南拳で、下半身の使い方に大きな違いがあったようですが、時代が下るとそのような顕著な違いはなくなり、清朝末期には広東出身の黄飛鴻という武術家が「無影脚」という目にも止まらない足技で天下に名を轟かせています。この人物の名は映画やテレビドラマなどの日本語版字幕では、広東語読みの「ウォン・フェイフォン」で統一されています。

第二の説は、中国拳法には人に見せるための表の拳法と実戦用の裏の拳法の2つが存在することです。われわれが目にする大道芸人や京劇役者、アクション俳優、合法的な教室の主催者などはすべて表の拳法使いで、裏の拳法使いは要人の警護や暗殺などを生業にしているため表に出ることはなく、その拳法が公開されることもありません。『北斗の拳』は力こそ正義の世界ですが、重火器に頼る者は弾薬が尽きれば命運も尽き、刃物に頼る者も折られたらそれまで。最後に勝ち残れるのは素手で戦える暗殺拳の使い手ばかりというのは、とても理に適った設定です。

南拳と北拳についてはもう一つ面白い話があります。少林拳は中国河南省の嵩山少林寺を総本山としますが、この北派少林拳とは別に、南派少林拳なる流派が存在したという伝説です。清朝の世、福建省の山中に本山を構えた同派は反清秘密結社との結託を疑われ、官軍による焼き討ちを受けました。わずかに生き残った戦闘僧が山奥や市井に散らばり、組織の再編と拳法の伝承を重ねたというもので、早くからアウトロー色を帯びている点に『北斗の拳』と通じるところがあります。『北斗の拳』の続編『蒼天の拳』に登場する紅華会（こうかかい）も反清秘密結社の流れを汲む組織です。

『北斗の拳』が星と宿命、中国拳法の和合においてもっとも成功を収めた作品であることは疑いを得ません。ケンシロウの師リュウケンがラオウをあと一歩のところまで追いつめた北斗神拳の奥義「七星点心（しちせいてんしん）」はもっとも象徴的な技だったのではないでしょうか。

リュウケンの拳はすべて死角から繰り出されるため、ラオウは反撃するどころか、防ぐことすらできずにいました。頭上高く突き飛ばされて初めて、リュウケンが北斗七星の形を辿っていることに気づきますが、それがわかったところで対応策は思い浮かびません。高齢のリュウケンが心臓発作を起こさなければ、ラオウの野望はこの時点で潰（つい）えたはずです。北斗神拳究極の奥義は「無想転生（むそうてんせい）」とされることが多いですが、「無想転生」はケンシロウだけでなくラオウも修得していますので、私見では、リュウケンしか用いることのできなかった「七星点心」のほうが究極と呼ぶに値するように思われます。

嵩山少林寺

第2章

南都を焼いた平氏、神仏を味方にした源頼朝

1180～1185年

主なできごと

1180年12月　南都炎上
1181年閏2月　平清盛没
1183年7月　平氏一門都落ち
1183年11月　木曾義仲が後白河御所を焼き討ち
1184年1月　木曾義仲の滅亡
1184年2月　源範頼・義経、一の谷で平氏を破る
1185年3月　壇ノ浦の戦いで平氏一門滅亡

ゆっくりだが着実に進む陰陽道の受け入れ

1180年10月15日、源頼朝は急造なった邸宅に入居し、翌日には鶴岡八幡宮寺の仮設の若宮で長日勤行（ちょうじつごんぎょう）を開始させます。別当には頼朝の祈祷の師である良暹が暫定的に任じられました。

ここにある「長日勤行」とは日数を決めずに長期間毎日御勤めをすることで、源頼朝は僧侶たちに命じ、天台宗において護国の三部妙典とされた法華経・仁王経・最勝王経をはじめ、大般若経・観世音経・薬師経・寿命経などを読誦（どくしょう）させました。観世音経は法華経のなかの一巻です。

同じ日、源頼朝は平氏の大軍を迎え撃つため、駿河国へ向けて出立しました。平氏軍の総大将は平維盛（これもり）。維盛の父は平清盛の長男重盛です。

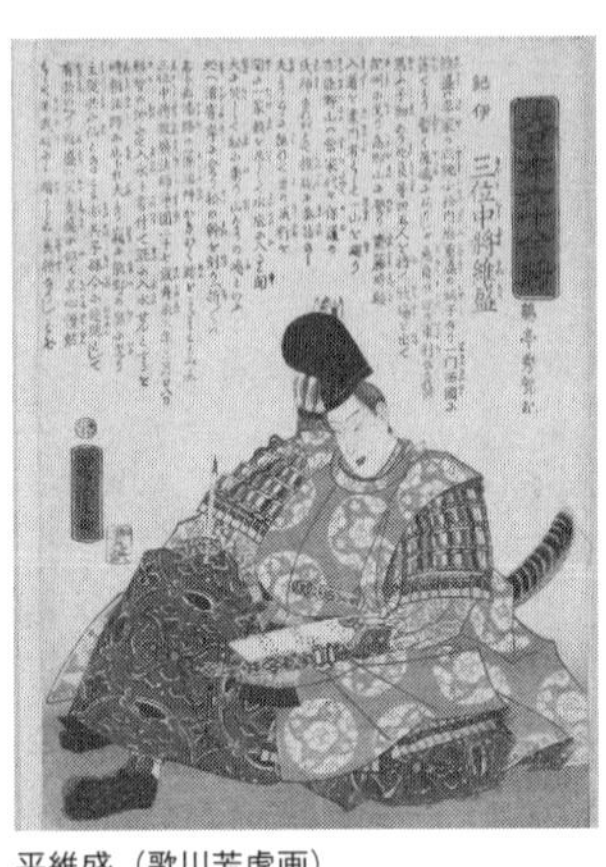
平維盛（歌川芳虎画）

頼朝にとっては石橋山の戦い以来の大戦です。今回は甲斐（かい）源氏と信濃（しなの）源氏も合流していたので、兵の数でも平氏軍といい勝負でした。

決戦は10月20日の予定でしたが、ここで思わぬ事態が生じます。甲斐源氏の武田信義（たけだのぶよし）が夜陰に乗じて平氏軍の背後を取ろうとしたところ、富士川で羽を休めていた水鳥が驚いていっせいに羽ばたき、平氏軍がそれを鬨（とき）の声と勘違いして、一戦も交えることなく敗走してしまったのです。

翌日、頼朝は平氏軍を追って西上しようとしますが、千葉常胤・三浦義澄・上総介広常らに反対され、東国の平定を優先させることにしました。信濃国から上野国に入った木曾義仲はもとより、常陸国の佐竹兄弟や志田義広、下野国の新田氏など、まだ頼朝に服従していない武門源氏が複数いて、彼らに背中を見せるのは危険と判断されたからです。

なかでも新田義重は八幡太郎義家の嫡孫と称し、頼朝からの手紙に返事も寄越さず、上野国の寺尾城に立て籠もり、軍兵を集めていました。秀郷流藤原氏の足利俊綱も平氏方として上野国の府中を焼き払う挙に出ていたので、改めて帰順勧告をする必要がありました。

頼朝は上総介広常の要望に従い、まず佐竹秀義を討つことを決めますが、『吾妻鏡』の10月27日条には、「今日は御衰日という悪い日なので、人びとが首をかしげた」と記されています。

ここで言う「人びと」とは、頼朝に文官として仕える京下りの下級貴族たちを指すのでしょう。

それに対して「御衰日」とは、陰陽道で慎むべきとされた日取りを言います。その人の年齢(数え年)により決まるもの（行年衰日）と、生まれの年により決まるもの（生年衰日）の2種類がありましたが、ここは前者です。頼朝は34歳でしたから、子と午の日が衰日にあたっており、丙午の日である27日は出陣を避けるべきと考えられたのです。

しかし、頼朝は次のように説明しました。

「去る4月27日に令旨が到着したから今があるので、日柄を気にするに及ばない。追討を行うということについてはむしろ、27日に決行するのがよい」

頼朝の意見が妥当だったかどうかは判別の難しいところです。頼朝軍は佐竹軍が籠もる金砂城を力攻めで落とすことができず、秀義の叔父義季を寝返らせることで、11月5日になってようやく落城させることができたのですから。

仮に官人陰陽師がいれば、強く諫めたかもしれませんが、陰陽道に関する知識をそれなりに備えていたとしても、プロではない文官たちでは、そこまでの行動に出ることはできなかったのでしょう。出陣の日取りという、武士の領域であればなおさらです。

東国が落ち着くのを待って、同年12月12日、頼朝が新造の御所に入る儀式が執り行われました。311人の武士が二列に並んで向かい合って座り、頼朝を東国の主として推戴することを表明したのですが、歴史上、これをもって御家人の成立とします。

それまでの東国武士団は在地領主である世襲の惣領と一族、家人（家来）、郎従（郎党。格下の家来）からなり、家人には譜代の者と去留の自由を有する者との2種類がありました。頼朝の父義朝は1153年に下野守に任じられたのを機に、多くの武士と主従関係を結びますが、その大半は縛りの弱い後者でした。ですので、頼朝の成功は決して約束されたものではなかったのです。

12月12日の儀式は、東国武士たちが頼朝を武門源氏にして東国の主「鎌倉殿」として認め、頼朝の側も彼らを自分の家人として認める正式な相互契約を結んだことに他ならず、311人の武士たちは敬意を込めて、「御家人」と呼ばれる立場になったのです。

活気づく鎌倉の様子を伝え聞いて、都から東下する下級貴族も増えていきます。摂関家の親族でなく、院の近臣にもなれなかった人びとにも富貴をつかむ大きなチャンスが生じたわけで、そのなかにはプロではないまでも、陰陽道にそれなりに通じた者が少なからずいたはずです。鎌倉で陰陽道の祭祀が増える下地が着々と整えられていったのです。

東国でも受け入れられた、「意志を持った天が地上の出来事を左右する」

1181年5月、源頼朝は長女大姫のために小御所と厩舎を建てることを命じますが、このときはしっかりと陰陽道が利用されました。

中国伝来の二十四節気では、小暑から数えて13日目に始まり、立秋の前日までを土用と呼びましたが、陰陽道では土用の期間中に棟上げすることを憚りました。何事をするにも凶にあたる没日は数えないので、この年の土用は6月1日から17日までが該当します。そのため頼朝は5月23日に命令を発し、翌日には場所選びを済ませ、28日にはもう棟上げを行わせたのでした。『吾妻鏡』には記されていませんが、場所選びに際しても、陰陽道が利用されたはずです。『吾妻鏡』の6月15日の条にはまた面白い記述があります。

戌の刻、客星が北東の方に現れた。色は土星の色の青赤で、星の光の穂があった。この星は寛弘三年に出現してから、その例がないという。

寛弘3年は西暦の1006年にあたり、「客星」とは新たに見えるようになった星を指すので、彗星の場合もあれば新星の場合もあり、同年のものは超新星だったようです。

幕府編纂の歴史書がなぜ天文の記録を載せるのでしょうか。

直接的には中国の歴史書の模倣なのですが、その根底には天文と地上の出来事との間に相関関係があるとする天人相関説、人間の行為の善悪が自然界の異変を呼び起こすとする災異説の影響で、中国・前漢の武帝時代の儒者・董仲舒は、政府が失政を侵しそうな状況になると、天は未然のうちに災害を下して譴責するという災異天譴論をもって天人相関説を理論化しました。そのため天人相関説は天人感応説とも呼ばれます。

この影響は歴史書編纂の現場にも及び、「三史」の名でくくられることの多い『史記』『漢書』『後漢書』及び『後漢書』より先に編纂された『三国志』には天変地異や怪異の記事が多く、背景を知らずに読んだ現代人は違和感にとらわれるものです。

少々謎解きをしましょう。前漢の武帝時代に成立した『史記』は中国最初の正史（王朝公認の歴史書）に位置付けられます。史官（記録官）の司馬談が始めたものを子の司馬遷が引き継ぎ、完成させたものです。司馬遷も朝廷に仕える史官でした。

『史記』の末尾には「太史公自序」という、司馬遷が執筆のきっかけを記した一巻があるのですが、そのなかに「太史公（司馬談）は天文を掌っていて、行政には携わらなかった」という一文があります。同じ職を次いだ司馬遷も同様だったはずで、この点から、古代中国における史官の具体的な仕事内容をうかがい知ることができます。

司馬遷

日々の出来事と毎夜の天文の異変を記録に残す。歴史書を編纂する際の史料としてはもちろん、後世の鑑となるデータをできる限り多く記録することが、仕事の中心だったのです。天変地異や怪異が生じる前、天文にどのような異変が生じたか。因果関係の解明はともあれ、蓄積された前例から予測や有効な対策を導き出せるとの期待から、現代の統計学やプロファイリングに近い作業が行われていたのです。

奈良・平安時代の朝廷は、できる限り中国・唐の制度に倣おうと務め、国史の編纂においては、「三史」と『三国志』が手本にされたようです。そのため天文の異変を含めた天変地異や怪異の記事が数多く載せられているのです。

儒学の立場からすると災異天譴論は徳治主義の産物ですので、自然災害や怪異は為政者の不徳や失政と受け止められ、前漢の末期には災異の責任をとらされるかたちで、宰相が何人も更迭されています。ですので、改めて原因を追究する必要はなく、原因究明を目的とする卜占など、あってはならない不敬行為と見なされていたのです。

とはいえ、文字大国の中国であれば、災異天譴論に反する言説を見付けることは難事でなく、前漢時代に編纂された『春秋左氏伝（左伝春秋）』という歴史書に、おあつらえ向きの一節があったのです。

> 匹夫匹婦も非業の死を遂げると、その魂魄は他人にとりついて、余計な祟りをなす。

人という存在は魂と魄からなり、人が死ぬと、精神を司る魂は天上に帰るが、身体の活力を司る魄は地中に留まる。魂を祀るのが廟で、魄を祀るのが墓であり、子孫が絶え、死後の祭祀をする者がいない者、さらに非業の最後を遂げた者も人に害をなす厲鬼になるという考え方は、儒学の基本経典のひとつ、『礼記』にも記されていましたから、天変地異や怪異の原因を失政への譴責はなく、祟りとする論法はありえたのです。

祟りであれば、その主を突き止めねばならず、その方法は卜占しかないと考えられていました。このため奈良・平安時代の朝廷では天皇の代替わりとともに天変地異や怪異への対処が大きく様変わりするのがざらで、六国史の名で総称される奈良・平安時代の国史を見ればその乖離のほどは一目瞭然です。792年から833年までを扱った『日本後記』には物怪に関する記事が18件あるのに対し、850年から858年までを扱った『日本文徳天皇実録』には1件も見当たりません。

歴代天皇のなかでも、淳和や嵯峨のように儒教的な徳治主義を掲げる人は存在しましたが、のちに人臣として最初の摂政となる大納言の藤原良房（804～872年）は両帝のやり方を煙たく思っていました。重臣が処分される仕組みでは、良房とその一派だけが不利益を被るからです。

そこで良房は大胆な手段に出ます。淳和・嵯峨両院とも、遺詔に「卜筮を信ずることなかれ」と記していたのですが、良房とその一派は都合のいい先例を総動員して、儒教由来の要素を

藤原良房（菊池容斎画『前賢故実』）

極力取り去りました。その上で、844年に「卜筮を信ずるべき朝議(ちょうぎ)」を決議させ、天変地異や怪異が起きたら陰陽師の卜筮に解明を託し、何事も神や天皇陵の祟りに原因を帰することで、政権運営にあたる上級貴族に責任が及ばないようにしたのです。

何とも狡猾(こうかつ)なやり方です。その後も両派の綱引きは続きましたが、最終的には901年の菅原道真(すがわらのみちざね)の失脚をもって徳治主義派は敗れ去り、陰陽師の卜占に依存する体制が確立するのです。これに伴い、陰陽師の職域も拡大して、従来は密教験者(げんざ)の役割であった怨霊の祓をも行うようになります。道真は日本三大怨霊の一人に数えられもしますが、実は怨霊による祟りに否定的な側の代表格だったのです。

菅原道真（イメージ）© 首藤光一／アフロ

ちなみに、道真の失脚を主導した藤原時平(ふじわらのときひら)は39歳の若さで亡くなり、道真の祟りと噂されました。時平は藤原良房の兄長良(ながら)の孫ですが、父基経(もとつね)が良房の養子に迎えられていたことから、家系の上では良房の嫡孫(ちゃくそん)にあたり、その人物が祟りで死を迎えるなど、何とも皮肉な成り行きでした。

かくして、朝廷では卜占を否定する声は消え去りましたが、すべての貴族が納得したわけではなく、徳治主義の考え方は京下りの下級貴族たちを通じて鎌倉に伝えられ、強い影響を及ぼした痕跡があります。

源頼朝とその後継者たちがこの件に関しては都の流儀に従わず、天変地異や怪異があれば、とりあえず身を慎むよう務めたのが何よりの証拠で、不要不急の外出はせず、酒宴や肉食も自粛し、静かに過ごすのを常としました。摂関家や院の近臣などより、よほど真摯（しんし）に政治と向き合っていたのです。

藤原時平『北野天神縁起絵巻』

野鳥の異常行動にも敏感に反応——開始された怪異の記録

怪異とは現代社会では、あまり使われない言葉です。その意味するところは、動物の異常行動、季節外れの植物の開花、樹木や建物の突然の倒壊、陵墓の鳴動など、人に不安を抱かせる異常現象のすべてです。

平安貴族は神経過敏なまでに、見聞きした怪異について記録しました。ここでは藤原道長の又従兄弟にあたる右大臣藤原実資（さねすけ）（957〜1046年）の日記『小右記（しょうゆうき）』を例にとりましょう。『小右記』の詳細な分類目録『小記目録』には「怪異事」という項目立てがあり、前掲の山下克明著ではそこにある162件の怪異関連記事を種類と発生場所という2つの観点から分類を試みています。

〈怪異の種類〉

・獣類が43件
・鳥類が38件
・建造物・墳墓等の鳴動・倒壊が13件
・気象が10件（虹が7件、熱暑・雨・雪・雲が各1件）

〈怪異の発生場所〉

・内裏が51件
・官庁が16件
・寺社が28件
・自邸が13件
・藤原氏・摂関家が12件
・その他の貴族の家が12件

ざっと見て明らかなのは、鳥獣による怪異が過半数を占めることです。しかも、鳥が内裏(だいり)の左近衛陣(さこのえのじん)で左大将の座をひっくり返した、犬が同じ陣の奥座に糞をした、牛や馬が外記庁に入ってきたという、現代人の感覚からすると他愛のないものばかりで、人魂を見たとか鬼の声を聞いたというレベルのものは合わせても10件に満ちません。

その一方で、天文の異変が含まれていないことにお気づきでしょうか（一番の大事のはずですが）。

実は重要機密であるがゆえに、限られた人物しかその観測結果を知ることができなかったのです。天文観測は陰陽寮管下の天文博士の職掌(しょくしょう)ですが、天文博士は異変を観測したならば、占文(せんもん)（報告書）を作成・密封の上で陰陽頭を通して奏上するのが決まりで、これを天文密奏(てんもんみっそう)と称します。異変に関して口外することは禁止され、密奏を終えた文書は国史編纂の材料として中務省に送られましたが、その際に占文を削除するのが決まりでした。つまり、藤原実資が天文の異変に関して独自に情報収集しようとしても、不完全なものしか入手できなかったのです。

話を怪異に戻します。『吾妻鏡』の1181年10月20日条には、伊勢大神宮（現在の伊勢神宮）からの使いとして、権禰宜(ごんのねぎ)（神社の下働き）の度会光倫(わたらいみつとも)の鎌倉来訪を記しています。頼朝の祈祷を依頼するため呼びつけたのですが、このとき光倫は思いがけない土産(みやげ)話を携えていました。

去る9月19日、朝廷が平氏の要請に従い、天慶の乱の例に従って、東国帰伏の祈祷のために金の鎧（よろい）を伊勢神宮に奉納したところ、神宮祭主・大中臣親隆（おおなかとみのちかたか）の嫡男が急死し、奉納が決められた日には、本宮正殿の棟木（むなぎ）に雀と小さな蛇が子を生んでいた。これらについて先例を調べたところ、朝廷の秩序を軽んじ、国家を危うくする凶臣が敗北する前兆であるとわかったというのです。

これなどは頼朝の機嫌をとるため、度会光倫がかなり話を盛っている印象を受けますが、翌年の6月20日に鎌倉で目撃された現象は、紛（まご）うことなき怪異でした。

戌の刻（午後7〜9時）、鶴岡八幡宮寺のあたりに光るものが現れ、由比ガ浜の方へ飛んで行き、数丈にまで巨大化して、しばらく消えなかったというのです。

まだプロの陰陽師がいなかったので、何ら対策は講じられませんでしたが、これを最初として『吾妻鏡』でも怪異を伝える記述が散見されるようになります。

◆伊勢、鹿島、熊野、園城寺を重視した頼朝。共通するのは揺るぎなき由緒

頼朝が祭祀の場としてもっとも重視したのは鶴岡八幡宮寺の若宮で、早くも１１８１年には元日の参詣を定例化しました。それに次ぐのが伊豆山権現、箱根権現（現在の箱根神社）、三

伊勢神宮内宮神楽殿 ©pixta

伊豆山権現
（伊豆山神社・著者撮影）

鶴岡八幡宮寺。舞殿（著者撮影）

島社（現在の三島大社）など流人時代から何度も訪れた場所ですが、旗揚げ後は伊勢大神宮や鹿島社（現在の鹿島神宮）、熊野山（現在の熊野三山）、園城寺など全国的な寺社への援助にも格別の配慮を施しました。

これら4つの寺社は無作為に選ばれたわけではありません。そこには頼朝の一貫した姿勢がみてとれます。

伊勢大神宮の主祭神は、天皇家の祖神アマテラスオオミカミです。武門源氏も清和天皇の後裔を名乗る以上、アマテラスの後裔に他なりません。『吾妻鏡』の1184年5月3日条には初めて「二所大神宮」という語句も登場します。これは伊勢大神宮と鶴岡八幡宮を併称したもので、武門源氏と天皇家を車の両輪と見なしたのも同然でした。

本当かどうかは怪しいのですが、『吾

妻鏡』の同日条には、伊豆国への配流のため都を離れる日、頼朝は霊夢を見ました。その内容までは語られていませんが、以来、源頼朝は伊勢大神宮に他の寺社へとは異なる特別な信仰を寄せるようになったといいます。

頼朝の信仰は政治的なものであったかもしれませんが、『吾妻鏡』の1182年5月16日条には、豊受大神宮（伊勢神宮外宮）から、甲斐源氏で御家人の安田義定に所領を強奪されたとの訴えがあったとき、「真偽を確認することなく、ただちに所領安堵の下文を大神宮に与え」とありますから、特別扱いをしていたことは間違いありません。

鹿島神宮（タケミカヅチを祀る・著者撮影）

次に鹿島社ですが、ここの主祭神は武神のタケミカズチノカミです。イザナギノミコトが火神のカグツチを斬ったとき、剣の鍔から滴り落ちた血液から生まれたとされる神で、のちには地上に降り立ち、オオアナムチノカミに国譲りを承知させています。天上の神々のなかで屈指の武勇を誇る神ですから、武門源氏がその加護を期待しようと、崇敬するのは当然のことでもありました。

3つ目の熊野山は神武東征神話にも登場します。「くま」とは「隅っこ」を意味する言葉で、古来、祖霊の住むところと考えられてきました。神仏習合のもとでは熊野大神とスサノオノミコトが同一視さ

熊野新宮（著者撮影）

れ、907年の宇多院を最初として、院政期には院が頻繁に訪れる高貴な霊場と化していました。現役の天皇が訪れることは皆無でしたが、後白河院は34回、後鳥羽院も28回と頻繁に訪れていたことから、熊野の株は上がるばかりだったのです。

武門源氏との関係では、源頼朝の祖父為義が熊野別当の娘との間に男児をもうけています。頼朝のもとへ以仁王（もちひとおう）の令旨をもたらした行家（ゆきいえ）がそれで、行家は為義の十男で、熊野の新宮（しんぐう）で育てられたことから、新宮十郎行家と呼ばれました。

為義と熊野別当の娘との関係が一夜のものとは思えないので、為義は院の警護で熊野に長く滞在したことがあったと思われます。

為義が信仰心を抱いていたかどうかはわかりませんが、少なくとも流人時代の頼朝にはそれがありました。なぜそう言えるかと言えば、毎日欠かさず般若心経の読誦を行っていた頼朝ですが、その手向け先19か所のなかに「熊野権現」が含まれていたからです。

4番目の園城寺は天台宗寺門派（じもんは）の総本山で、三井寺（みいでら）とも呼ばれます。武門源氏との関係では、源頼義が前九年の役に出征する際に立ち寄って戦勝祈願を行い、庶長子を別当である円珍（えんちん）に弟子入りさせた上、三男義光の元服を当寺境内にある新羅明神（しんら）（現在の新羅善神堂（ぜんしんどう））で行ってい

三井寺・歓音堂（著者撮影）

ます。長男義家の元服が石清水八幡宮、次男義綱のそれが賀茂社（現在の賀茂別雷神社・上賀茂神社）ですから、それに次ぐ崇敬の対象だったはずです。

頼朝には祈祷の師が何人いたのか不明ですが、園城寺の律静房（律成房）日胤もその一人で、千葉常胤の子息です。『吾妻鏡』には、頼朝が日胤に石清水八幡宮に一千日間参籠して、無言で般若心境を読むよう依頼した記事が見えますが、頼朝が園城寺を重視した理由は、以上挙げた縁だけとは思えません。数ある密教寺院のなかでも、園城寺でのみ修された秘法の存在がどうにも気になるのです。

その秘法は北辰（北極星）を至尊とし、攘災と延命を祈願する天台密教の修法で、尊星王法と呼ばれます。

星が人の運命を左右するという信仰は洋の東西を問わず古くからありました。大きく分けて、バビロニア起源のものと中国起源のものの2つがありますが、前者は古代ギリシアで「時の見張り人」を意味するホロスコープへと発展して、今度は西から東へと伝えられます。インドと中国を経て日本にもたらされ、10世紀頃の日本では二系統の占星術が共存することになりますが、両者は中国においては密教と道教、日本に上陸してから密教と陰陽道の習合と連動して見事に溶け合い、かくして密教の新たな修法として生まれたのが尊星王法なのです。

11世紀の密教界では延暦寺と東寺の影響力が抜きん出ていました。前者は天台宗山門派の総本山、後者は真言宗の総本山です。園城寺は三番目につけていながら、前二者から大きく水をあけられた状態でした。

他の宗派や寺院を出し抜く方法はないものか。園城寺がさんざん考えた末に目を付けたのは北辰でした。密教各派に共通する星に関する修法は星宿法と総称されますが、園城寺は北辰を神格化した菩薩を妙見菩薩あるいは尊星王と称し、北辰を星々の帝王、北斗七星など他の星を臣民になぞらえることで、尊星王に祈祷するのがもっとも効果的としたのです。

この狙いは図にあたり、園城寺からも院の護持僧が輩出されるようになります。園城寺の境内に尊星王堂が創建され、代々の法親王（出家した親王）が尊星王法によって鎮護国家を祈念する体制が整備されるなど、園城寺は秘法を通じ、「治天の君」と密な関係を築くことで寺勢の興隆を成功させたのです。

傍からは園城寺が院政を支えているように見えたはずで、頼朝は自分にも北辰の加護が及ぶことを期待して、園城寺に格別の配慮を示したのではないでしょうか。

上総介広常の誅殺で重大な穢れが発生

頼朝には冷血漢のイメージがつきまといます。平氏討滅に成功して以降、異母弟の九郎義経をはじめ、源氏一門を次々と粛清したことに起因するのですから、身から出た錆ではあります。一方では、自分に矢を向けた者でも、使えると判断した者には寛大な態度を示すなど、味方を増やすことを優先させました。現実主義路線を歩んだ頼朝ですが、平氏討滅以前に一件だけ不可解な御家人粛清がありました。相手は上総介広常です。

『吾妻鏡』の１１８０年9月19日条によれば、上総介広常は2万騎もの兵力を集めてから、頼朝のもとに馳せ参じました。この数字はあまりに誇大で、実数は10分の1か20分の1程度と思われますが、それでも鎌倉御家人のなかで屈指の兵力を有する実力者であることには違いありませんでした。

上総介広常（歌川芳虎画）

その広常の粛清について、『吾妻鏡』には直接の言及はありません。同書にはなぜか１１８３年の記事がまるまる抜けているのです。

記事は１１８４年1月1日から再開され、そこには次のようにあります。

「鶴岡八幡宮でお神楽があった。源頼朝は参宮されなかった。昨年の冬の上総広常の事件により御所のなかが穢れてしまったためである」

この事件について詳細を記すのは慈円の『愚管抄』のみで、頼朝が1190年11月に上洛して後白河院と対面した際、広常殺害の経緯を語ったのです。それによると、広常は東国に割拠し、京都とは対等関係の政権を築くよう主張してやまず、上洛して義仲や平氏と戦うことに反対していました。

最大の動員力を誇る御家人の発言だけに放置できず、頼朝は広常を粛清することにしたというのです。

もっとも、同時に広常の嫡男能常をも殺害し、上総介本宗家を断絶させ、上総介の家人たちと直接の主従関係を結び直しているのですから、本当の動機がどこにあったか怪しいものです。

粛清が実行された時期については、「1183年の冬」としかなく、11月なのか12月なのか不明ですが、場所が御所であったことは明らかです。

古神道は汚穢を忌み、清浄を尊ぶこと極端で、『日本書紀』のなかでも黄泉国（死者の世界）

を「ひどく汚いところ」としています。古代法典の集大成として905年に編纂が開始された『延喜式』の臨時祭の条にも、死穢に対しての規定があるくらいです。

黄泉国から戻ったイザナギノミコトは全身を洗い清めるために禊を行いますが、神だからそれで済むのであって、生身の人間は禊だけではなく、一定の時間を置くことも必要でした。広常の粛清では御所が死と血の二重の穢れを被っていたからなおさらです。

前述の『延喜式』には、人の死に接したときは30日間忌み籠もるようにとありますが、これは葬送儀礼に参加した場合の日数で、凶行の当事者かその場に居合わせた者が斎戒すべき日数はこの限りではなかったはずです。

頼朝が鶴岡八幡宮への参詣を再開したのは1184年4月11日のことです。粛清劇の月日が特定できない以上、当日からの計算はできませんが、元日から数えれば100日が経過しているので、それがおおよその目安だったのかもしれません。

穢れを嫌ったのは三代将軍実朝も同じで、『吾妻鏡』の1212年7月2日条には、御所の侍所の造り替えを命じる記事があります。前月7日に宿直の侍たちが起こした乱闘で死傷者が出たことを受けてのもので、支障ないと進言する者もいましたが、実朝はそれを認めなかったのだと言います。

北条政子の出産に伺候した御験者、鳴弦役のびっくりする役割は？

古代から中世はじめの日本社会では、死や人体の損傷に加え、月経や妊娠、流産、出産も穢れに含まれました。めでたいはずの出産がなぜと思われるかもしれませんが、出産を穢とする認識は、洋の東西に関係なく古くから見られるので、人類共通の認識だったことがわかります。強いて言えば、大量の出血を伴うこと、死産の確立が非常に高かったことなどが挙げられますが、それ以上に道理では説明し切れない範疇なのです。

北条政子は頼朝が旗揚げする前に一度出産を経験しています。しかし、今回は鎌倉殿の夫人、御台所として臨む初めての出産ですから、東国では前例のない大がかりなものとなりました。

1182年7月12日、政子は比企能員の屋敷に移されますが、これは御所を血の穢から守るための措置でしょう。

比企能員は頼朝の乳母を務めた比企尼の甥にして養子。頼朝との関係の深さゆえに選ばれたと思われますが、もしかしたら比企尼の築いた膨大な閨閥も関係したかもしれません。

比企尼は頼朝の配流が決まると、夫の比企掃允とともに請所（うけどころ。荘園の管理人）として武蔵国比企郡に下り、20年にわたり頼朝への支援を続けました。3人いた娘のうち長女は頼朝の側近である安達盛長、次女は武蔵国の河越重頼、三女は伊豆国の伊東祐清に嫁がせ、三女が祐清と別れると、信濃源氏の平賀義信に再嫁させています。少し後には長女の生んだ娘を頼朝の異母弟範頼、次女の生んだ娘も同じく義経と結ばせるなど、頼朝を守護すべく一大閨閥を築いていました。

頼朝のためとあれば、どれだけ穢を被っても構わない。それだけの覚悟のある家ですから、出産をするにこれより適した場所はありませんでした。

8月11日、政子が産気づくと、頼朝も比企能員の屋敷に渡りました。穢を受けるわけにいかないので、別室での待機のはずです。頼朝はただ待つのではなく、祈祷のため奉幣の使いを伊豆・箱根の両所権現や近国の神社へ遣わしました。それは以下の神社です。

相模国の一宮（現在の寒川神社）、同国の三浦十二天（現在の十二所神社）、武蔵国の六所宮（現在の大國魂神社）、常陸国の鹿島社、上総国の一宮（現在の玉前神社）、下総国の香取社、安房国の東条神館（現在の神明神社）、同国の洲崎社。

どれも一宮かそれに準じる神社です。武神を主祭神とする鹿島社と香取社は不適切なようにも思えますが、生まれてくるのが男児であれば頼朝の後継者になるのですから、武神に男児の誕生を願うのは何もおかしくはありません。

祈祷の甲斐があってのことか、8月12日酉の刻（午後5〜7時）、政子は元気な男児を出産します。幼名は万寿、のちの頼家です。比企尼の娘で河越重頼の妻が最初の乳を与えたとあります。

同じく『吾妻鏡』の同日条には、験者として専光房阿闍梨の良暹と大法師の観修、鳴弦役として師岡兵衛尉重経、大庭平太景義、多々良権守貞義の3人、引目役として上総介広常が立ち会ったとありますが、ここにある「験者」とは加持祈祷を行い、霊験をあらわす行者のことで、鳴弦役は悪魔や妖気・穢を払うため、弓弦を弾き鳴らす役、引目役は同じく蟇目の矢を射る役を言います。蟇目の矢はヒキガエルの鳴き声に似た異様な音響を発し、それと弓を揺らす音には魔物を退散させる効果があると信じられていたのです。陰陽道より古く、古神道に由来すると思われます。

鎌倉の人員だけでは不安だったようで、頼朝は園城寺の円暁に来てくれるよう依頼していました。母が源為義の娘ですから、円暁は頼朝の従兄弟にあたります。祖母が源義家の娘であるなど、武門源氏とは縁深い人でした。

円暁は途中で伊勢大神宮に立ち寄り、参籠をしたため、肝心の出産には間に合わず、挨拶だけして都に戻りましたが、翌年には再び頼朝の招きを受け、鶴岡八幡宮寺若宮の初代別当として鎌倉に下ることになります。

治承・寿永の内乱の裏で進行した呪術合戦

頼朝の旗揚げ時点では平氏討滅など絵空事に近く、当時の所願は身の安全の確保と父義朝の仇討ち程度と見るのが妥当でしょう。

関東から平氏の勢力を一掃したことで半分は叶えられ、父義朝を湯殿(ゆどの)で謀殺した尾張国の長(おさ)田忠致(だただむね)の始末は尾張国を勢力圏に取り込めば自ずと叶うことなので、急ぎはしませんでした。頼朝としては軍事行動を停止して、後白河院を「治天の君」としながら、地方は平氏と木曾義仲、奥州藤原氏、鎌倉で四分割したまま和平共存する体制でも構わなかったのです。

けれども、平氏が和平を拒んだ上、北陸道で大敗北を喫して都落ちのやむなきに至り、代わって木曾義仲が上洛したことで状況が一変します。均衡が崩れ、乗ずべき機会が転がり込んできたのですから、これを逃す手はなかったのです。

この間にも平氏・木曾義仲・頼朝の三者間では裏の攻防が展開されていました。『吾妻鏡』の1182年9月28日条には越後国の城長茂(じょうながもち)が妙見大菩薩を崇(あが)め、武門源氏を呪詛(じゅそ)しているとの風聞が記されています。

城長茂は平氏に味方する越後国の有力武人で、妙見大菩薩は先述したように北辰（北極星）のことですから、尊星王法とはまた別の、密教の修法と見てよいでしょう。ただし、あくまで風聞の域を出ず、越後国に必要な人材がいないことには尊星王法は成り立ちません。

本来であれば、都の平氏一門が有力寺社に呪詛を依頼するところですが、東大寺や興福寺をはじめ、南都を焼き討ちし、完全な仏敵と化した平氏の頼みを聞き入れてくれるとは思えず、一方で平氏は、有力な寺社が源氏に肩入れし、平氏を呪詛するのを恐れました。

埴生（はにゅう）八幡宮前の木曾義仲像（著者撮影）

鎌倉と伊勢大神宮の間で使者が行き交っている。平氏はこの情報に接すると、すぐさま行動を起こしました。『吾妻鏡』の12月1日条には、伊勢の度会光倫から頼朝への注進内容を次のように記しています。

伊勢内外二宮の禰宜（ねぎ）たちが関東に同意しているとの平家の讒言（ざんげん）により、十一月に朝廷で審議がありました。やがて祠官（神官）を苦しめ悩ませるでしょう。

平氏の心配は杞憂ではなく、同年2月8日には鎌倉の使いが伊勢大神宮を訪れ、願書を提出していました。平清盛の急死を神の思し召しとし、「たとえ平家であっても、源氏であっても、不義を罰し、忠臣を褒められよ」と祈り、最後を「上は天皇から、下は庶民まで、太平安穏にお恵みを垂れ、頼朝に従う者たちにいたるまで、夜蛭の守りに護って幸を給えと、恐みて恐みても申す」で締めるなど、武門源氏への肩入れを求める内容に他なりませんでした。

これに対する伊勢大神宮側の反応は、同じく3月20日条に記されています。

伊勢大神宮への奉幣の使いが帰参した。内宮一の禰宜の荒木田成長と外宮一の禰宜の度会貞綱はそれぞれ幣と神宝を受け取り、祈祷を行うことを内々承諾した。ただし請文（受取状）は提出しなかった。これは、あるいは平氏の耳に入ることを憚ったのであろうか、と頼朝はお疑いになったという。

要するに、平氏の危惧はあたっており、讒言ではなかったのです。

けれども、請文がもらえなかったことから、頼朝は少々意地悪をします。度会光倫への返書に次にように記したのです。

> 平氏の訴えについては、驚かされている。ただし、神は道理を納受されるもので、朝廷も結局はそうするであろう。それぞれが絶えず祈祷を怠られなければ、東国の御領などは安堵するとの旨を、伊勢内外二宮にお伝えください。謹んで申す。

何のことはない。鎌倉のために祈祷を続けなければ、東国に点在する伊勢大神宮の所領の安全は保障できない。無事に徴税ができるとは思うなと脅しをかけているのです。皇祖神を祀る神社だけに、その去就を確保するためなら手段を選んではいられない。平氏と頼朝の双方が、どれだけ真剣であったかを示すエピソードといえます。

頼朝が祈祷を依頼していたのは伊勢大神宮だけではありません。同年4月には神護寺の文覚上人を招き、江ノ島に勧請した大弁財天で秘密の修法を行わせています。

文覚（歌川国芳画）

弁財天はもともとサラスバティーというヒンドゥー教の水と音楽の神ですが、密教では知恵、長寿、財産を司る女神とされ、『吾妻鏡』の4月5日条には、鎮守府将軍藤原秀衡を調伏するためとありますが、素直に受け取るわけにはいきません。同月26

日条には文覚の参籠が5日から21日まで続き、その間は断食して懸命に祈りを捧げていたともあります。

文覚は配流中の頼朝と親交を結び、義朝の髑髏を持参して挙兵を迫ったとの伝承もある人です。弁財天の勧請を主導したのも文覚なので、そこには一貫した狙いがあったと見るのが妥当と考えます。

当然ながら、頼朝が信仰の中心に据えた鶴岡八幡宮寺若宮でも祈祷は行われていました。『吾妻鏡』の同年8月5日条には、若宮の供僧（本尊に供奉して給仕する僧侶。供奉僧とも）の禅睿から「長期にわたる毎日の祈祷をまったく怠りなく行っているのに、賜った田畑について平民同様に公事を賦課されているのは、どれほど愁えても心が収まらない」との訴えがあり、頼朝がただちに下文を発したとの記事が見られます。

禅睿は走湯山の僧侶でしたが、前年の10月6日に若宮の供僧ならびに大般若経衆となるよう命じられていました。「経衆」とはその経典を読み切る僧侶を指すので、禅睿は半年間毎日、大般若経を読誦していたことになります。大般若経は除災招福、鎮護国家などに有効とされていた経典ですから、時期的に考えて、御敵調伏を意図したものと見て間違いないでしょう。

コラム 3

当時の世界(鎌倉初期)

——モンゴルと十字軍

日本が治承・寿永の乱から承久の乱という歴史の大きな過渡期を体験していた頃、世界ではモンゴル帝国と十字軍運動が猛威を振るっていました。どちらにも陰陽師に近い存在の者がいて、モンゴルではシャーマン、キリスト教世界では高位の聖職者がそれにあたりました。

シャーマンの名はツングース語で「呪術師」を意味する言葉に由来し、巫女(みこ)や霊媒まで含むこともあります。超自然的な存在からのメッセージを人間に伝える仲介役ですが、預言者や医師をも兼ね、発展途上国の辺地では、現在でも医療に関わる事例が多く報告されています。

モンゴルは版図(はんと)を拡大させていくなかで、ネストリウス派キリスト教、マニ教、イスラム教、道教、チベット仏教などにも接しますが、シャーマンへの信頼が揺ぐことはありませんでした。五代目のクビライのときにチベット仏教の受け入れが始まりますが、それも支配層の一部にとどまります。

モンゴル全体にチベット仏教が普及するのは16世紀末以降のことで、活仏(かつぶつ)への崇敬はチベット人のそれに劣らなくなりますが、シャーマンへの崇敬が消え去ったわけではなく、現在でもその残滓(ざんし)を随所に見ることができます。

一方、キリスト教のなかでもカトリックでは、エクソシト（悪魔祓い）の儀式が現在も受け継がれ、教皇庁公認の大学では専門の講座も設けられています。講師を務めるのは現役のエクソシストと神学者で、最終試験に合格すれば終了資格がもらえますが、正規のエクソシストになれるのは専門のカトリック神父に限られます。

中世カトリック世界では徳と品性を備え、先例をよく知り、世俗の為政者から許可を得た司教以上の高位聖職者であれば誰でもエクソシストの儀式を行えたそうですが、悪魔の憑依（ひょうい）などそうそうあるものではなく、一般信者にとって一番身近な脅威はやはり病気や怪我で、不治の病に犯されるか五体満足でなくなった者たちが切実に求めたのは、『新約聖書』のなかでイエスやその愛弟子たちが現したような治癒の奇跡でした。

やがてカトリック世界では、治癒の奇跡が期待できる事物を聖遺物と称するようになりますが、西洋美術史を専門とする秋山聰氏の著『聖遺物崇敬の心性史　西洋中世の聖性と造形』（講談社選書メチエ）では、聖遺物を次の3つに分類しています。

①聖なる人の遺体、遺骨、遺灰等
②聖なる人が生前に身にまとったり、触れた事物
③①ないし②の聖遺物に触れた事物

ここで言う「聖なる人」にはイエスとその弟子たちに加え、聖母マリア、マリアの母アンナ、洗礼者ヨハネ、ヨハネの母エリザベト（マリアの従姉妹）、東方の三博士、マグダラのマリア、使徒パウロ、ローマ帝国による迫害下の殉教者、伝道の功労者まで含まれます。

聖遺物に何ゆえ治癒効果など期待できるのかといえば、カトリックの正統教義では聖人を、天上の神からくる力を人間世界に働きかける媒体と説明します。キリスト教は一神教ですから、聖人自身に神の力を認めるわけにはいかず、神のパワーやエネルギーを仲介する存在とすることで、齟齬（そご）が生じるのを避けたのでした。

神に由来する力は聖人の身体に生前から宿り、死後もその遺体に残存し続ける上、伝染するとも考えられました。そのため時代が下ると、聖人の遺体をくるんだ布や棺、遺品を収めた容器までが聖遺物とされるようになったのです。

これはあくまで伝承ですが、キリスト教を公認したことで知られるローマ皇帝コンスタンティヌス一世の母ヘレナは巡礼のためエルサレムを訪れた際、イエスが架けられた十字架を発見したと言われています。

このような聖遺物を所持することは大変名誉なことであり、現世利益も期待できます。聖俗を問わず、カトリック世界の権力者は誰もが欲しがったものですが、いったいどうすれば手に入れることができたのか。秋山聰氏の前掲書では、入手方法を以下の3つに集約しています。

①新たに発見する
②購入する
③盗む

聖遺物を「盗む」とは穏やかでないですが、事実、イタリア・ヴェネツィアのサン・マルコ大聖堂に眠る福音書記者マルコの遺体は828年にエジプトのアレクサンドリアから盗まれてきたものです。

十字軍運動が本格化してからは聖遺物が強奪される例も増え、行き先をビザンツ帝国の都コンスタンティノポリスに変更した第4回十字軍などは占領者として帝都入城したのをよいことに、聖遺物に限らず、あるだけの金銀財宝を奪い取りました。

「新たに発見」されたものの例としては、イエスの腹に突き刺された槍（ロンギヌスの槍）やイエスの遺体をくるんだ聖骸布なども有名ですが、人々の関心をひくという点では十二使徒の一人聖ヤコブの墓が抜きん出ているかもしれません。

それがイベリア半島のガリシア地方で、星の導きにより、発見されたのは8世紀のことで、9世紀にはその墓を覆う形で教会が建てられました。現在、カトリック三大聖地の一つに数えられるサンティゴ・デ・コンポステラがそれです。

聖遺物といえば、架空の考古学者を主人公にした「インディ・ジョーンズ」のシリーズにも数多く登場します。映画版の第1作『レイダース／失われたアーク《聖櫃（せいひつ）》』は『旧約聖書』の「モーセの十戒」を収めた櫃が争奪の対象でしたが、3作目の『インディ・ジョーンズ／最後の聖戦』では聖杯の争奪が争点でした。聖杯に関しては、最後の晩餐でイエスが口をつけたとも、十字架上のイエスから流れ落ちる血を受けたとも言われますが、神の子イエスに直接関わるものだけに、そこに宿るパワーは計り知れませんでした。

映画版ではどちらにもナチス・ドイツが登場しますが、この設定はアドルフ・ヒトラーがオカルト信奉者であったという伝説に由来します。

ハインリヒ・ヒムラー

実際のところ、オカルト信奉者はヒトラーではなく、SS（ナチス親衛隊）隊長のハインリヒ・ヒムラーでした。キリスト教以前の社会と文化こそゲルマン人のあるべき姿としただけあって、ヒムラーはSS管下にアーネンエルベ（先史遺産）というドイツ先史時代の精神史研究を目的とする機関を設けています。

「先史」と揚げながら、未知のパワーが宿るといわれる、聖遺物だけは例外とされました。聖杯の探索はイギリスの妨害により計画倒れに終わりましたが、「ロンギヌスの槍」のニュルンベルクへの帰還にはヒムラーの強い関与があったと思われます。

おかしなことに、「ロンギヌスの槍」と呼ばれる聖槍は複数現存します。ヒムラーが本物と断じたのは東フランク王ハインリヒ一世が926年に入手したもので、ヒムラーは自身をハインリヒ一世の生まれ変わりと妄信していただけに、疑う気など毛頭なかったのでしょう。

ロンギヌスの槍。磔刑のキリストを描くフレスコ画

ハインリヒ一世が入手して以来、「ロンギヌスの槍」はニュルンベルクに保管されていましたが、19世紀初頭、ナポレオンに奪われる恐れがあるというので、ウィーンのホーフブルク宮殿に移されました。これをおそらくヒムラーが主導してナチスの聖地と化したニュルンベルクに戻したわけですが、結果としてこの聖遺物はいかなるパワーを発揮することもありませんでした。長らくこれを所有したハプスブルク家にしても、ナポレオンとの戦いに敗れたことで神聖ローマ帝国としての命脈を断たれ、皇女まで差し出せねばならなかったのですから、聖遺物としての効果はとうに消え失せ、むしろ呪物と化していたのかもしれません。

第3章

後白河法皇と源頼朝の退場

1185～1199年

主なできごと

- 1185年11月　全国に守護・地頭を設置
- 1189年9月　奥州藤原氏が滅亡
- 1189年11月　源頼朝が後白河法皇に拝謁
- 1192年3月　後白河法皇没
- 1192年7月　源頼朝、征夷大将軍となる
- 1193年5月　曾我兄弟の仇討ち
- 1195年3月　東大寺再建供養
- 1198年1月　後鳥羽の院政開始
- 1199年1月　源頼朝没

頼朝も恐れた崇徳上皇という日本最大の怨霊

木曾義仲に続いて、平氏一門も1185年3月24日の壇ノ浦の戦いで滅亡します。全滅ではなく、惣領の宗盛や清宗（宗盛の長男）、安徳天皇の生母である建礼門院徳子（清盛の次女）、平時忠（時子の兄）などのように生け捕りにされた者も少なくありませんでした。平頼盛（清盛の異母弟）のようにその母・池禅尼が平治の乱に際して頼朝の助命に一役買った縁を頼りに、都落ちに同行せず、一門と袂を分かった者もいるので、伊勢平氏の血が完全に絶えたわけではありません。滅んだのはあくまで都を拠点にした武門平氏の嫡系です。

壇ノ浦で沈んだ平氏の亡霊、右に平知盛（歌川国芳画）

とはいえ、清盛亡き後一門を率いた宗盛や「平氏にあらずんば人にあらず」と豪語した時忠はもとより、一の谷で捕えられた平重衡（清盛の五男）も南都焼き討ちに際しての総大将でしたから、極刑は避けられない身でした。

西国や伊勢・伊賀国などでは平氏残党の武装蜂起が散発的に起きていましたが、都人の関心はすでに、頼朝と後白河法皇は上手くやっていけるのか、平氏滅亡をもって怨霊は怒りを鎮めたのかといった点に移っていました。

この時点で人びとが恐れた怨霊は、日本史上最強の怨霊とされる早良親王（桓武天皇の異母弟）ではなく、1156年の保元の乱に敗れ、四国へ流された崇徳院でして、その呪力は早良親王に引けを取らないと認識されていました。

崇徳は鳥羽の第一皇子でしたが、天皇在位中は上皇である鳥羽が院政を敷き、鳥羽は次の天皇には末子の体仁（近衛天皇）を据え、近衛が17歳で死去すると、崇徳の第一皇子・重仁ではなく、崇徳の異母弟にあたる第四皇子の雅仁（後白河天皇）を選んでまもなく、息を引き取りました。

鳥羽院がまだ存命であったとき、崇徳院の後ろ盾となっていた左大臣の藤原頼長は呪詛の疑いをかけられ、失脚していましたが、鳥羽の死は崇徳院・頼長側にとっては形勢を一気に覆すまたとない機会であり、後白河・藤原忠通側にとっても崇徳院側を完全に沈黙させる絶好の機会というので、双方が武士を動員して、洛中で雌雄を決することになったのです。

怨霊となった崇徳院（歌川国芳画）

敗れた崇徳院は讃岐国へ流されます。鎌倉時代前期に成立したとされる『保元物語』によれば、崇徳院は寂しさを紛らわすため、大乗経典五部の写経をして毎日を過ごし、それが完成すると、都周辺の縁ある寺にでも奉納してくれまいかと、仁和寺の覚性法親王（同母弟）に依頼します。覚性は関白を通じて後白河天皇に申し出ますが、後白河は崇徳院に対する警戒を解いておらず、側近ナンバーワンの信西も反対したため、崇徳院の申し出は却下されただけでなく、経典も差し戻されることになりました。

崇徳院の直筆に怨念が宿るとでも恐れたのでしょうが、突き返された経典を前にして、崇徳院はそれまで抑え込んでいた感情を一気に爆発させました。

「日本国の大悪魔とならん」

崇徳院は恐ろしい言葉を口にし、指の先を噛み切ると、そこから流れる血をもって誓いの書状を認めました。

それからは髪の毛も髭も剃らず、爪も切らず、生きながら天狗の姿になり、1163年8月26日に亡くなったとあります。

実際に亡くなったのは1164年8月26日で、唯一の希望であった重仁親王に先立たれたのが大きな痛手となったようです。

本当に生きながら天狗になったかどうかはともかく、平治の乱から平氏の滅亡に至る一連の出来事が崇徳院の祟りと認識されていたことは事実でした。『保元物語』には、旧知の西行法師が讃岐国を訪れ、国府と埋葬の地でそれぞれ歌を詠んでからは怨霊も静まったとありますが、果たしてどうでしょう。西行が同地を訪れたのは崇徳院が埋葬されてから3年後のこと。平清盛と後白河院の協調体制が上手くいっていたことにより到来した小康状態にすぎませんでした。すでに1164年には遺体が荼毘に付された場所に白峰宮が創建され、1177年には崇徳の諡号が贈られていましたが、身に覚えがある人びとはもちろん、一連の出来事をその耳目に収めてきた都人も一件落着とは思っていなかったようです。

頼朝も父義朝が保元の乱の当事者でしたから他人事とは思えず、『吾妻鏡』の1185年4月29日条には、備中国妹尾郷を讃岐国の法華寺（現在の頓証寺）に与え、崇徳院の菩提を弔う費用の捻出に充てたとあります。

同じく5月1日条には、頼朝が右のことを親類の妹尾尼に知らせたとの記事が見られ、彼女は生前の崇徳院から寵愛を受けていたということですから、崇徳院の菩提を弔うに最適の人物でした。

けれども、同年6月20日、7月9日、同月19日と都で大地震が相次ぎ、神社仏閣の建物や院の御所でも倒壊や破損が少なくありませんでした。人びとの不安が高まるなか、8月27日には今度は鎌倉で地震が起こり、『吾妻鏡』は「御霊社（現在の御霊神社）が鳴動した」と記します。

御家人の大庭景能が怪異の前兆と注進してきたので、頼朝が急ぎ御霊社に参拝したところ、宝殿の左右の扉が壊れていました。祓が必要と感じた頼朝は、願書一通を奉納したのち、巫女（みこ）たち各人に藍摺（あいずり）二反の反物を賜わらせたとも、『吾妻鏡』にはあります。

頼朝も不安なら、後白河院はもっと不安だったはずです。おりよく勅使の大江公朝（おおえのきみとも）が鎌倉にやってきたので、頼朝は公朝が帰途につくとき、祈祷と徳政の実施と並び、崇徳院の霊を特に崇め奉るよう言い添えるのを怠りませんでした。

崇徳院の怨霊を鎮めるため、鎌倉でできることはないか。頼朝はずっと思案していたはずです。その思いが天に通じたのか、北条政子に仕える下野局（しもつけのつぼね）の夢に鎌倉景政（かまくらかげまさ）と名乗る老翁が現れ、頼朝への伝言を託したとする記事が、『吾妻鏡』の同年12月28日条に見られます。

鎌倉景政を祀る鎌倉の御霊神社、なお御霊神社は全国にある ©pixta

鎌倉景政は八幡太郎義家の下で後三年（ごさんねん）の役（えき）に従軍した武士で、片目に矢を受けながら奮戦を続け、同僚が矢を抜くため顔を足で踏もうとしたところ、武士の顔に土足をかける無礼を咎（とが）め、陳謝させたという逸話の持ち主です。梶原氏と大庭氏から祖と仰がれる人物でもありました。

その景政の伝言とは次のようなものです。

「讃岐院（崇徳院）が天下に祟りをなしています。私はお止め申し上げましたが、叶いません。若宮別当に申してほしい」

報告を受けた頼朝はしばらく無言でしたが、ややあって、これも天魔の仕業に違いないとして、鶴岡八幡宮寺別当の円暁に国土の無事を祈祷するよう命じるとともに、同宮寺の供僧・職掌（下級の神官）一同に小袖・長絹などを支給したといいます。

義経の捜索にも呪術を駆使

平氏討滅の戦いにおける一番の功労者は源義経。現在では多くの人がそう信じて疑いませんが、頼朝の代理人という義経の置かれた立場を考えると、答えは微妙にならざるをえません。

源義経像（中尊寺所蔵）

一の谷の戦いでは、誰にも先駆けの功が認められない奇襲戦術をとり、摂津国の湊では、船尾を先にして漕ぎ進める際に必要な逆櫓の設置を認めず、強風で船団が全滅する危険を冒して屋島への渡海を強行、壇ノ浦の戦いでは平氏方の水手（漕ぎ手）の射殺を命じるなど、義経のやり方は当時の常識に反することばかりでした。

義経は長く奥州にあり、実戦経験も皆無でしたから、

鵯越（ひよどりごえ）の逆落とし『源平合戦図屏風』

『孫子』や『呉子』など古代中国の兵法書を忠実になぞればよいと信じて疑わなかったのもかもしれません。しかし、鎌倉の御家人たちにしてみれば、先駆けの武功を挙げる機会を奪われ、無駄死にの危険に晒され、非戦闘員の殺害という禁じ手までやらされたのですから、反発が高まるのも当然でした。

戦う目的にしても平氏討滅しか眼中にない義経と、安徳天皇と皇位継承の儀式で不可欠な三種の神器の確保を最優先に掲げた頼朝との相違は大きく、朝廷を絶対視する義経と上に立てながらも交渉相手と見なす頼朝、源氏一門を特別視する義経と一門を他の御家人と同列に置こうとする頼朝というように、両者間のズレは平氏の滅亡とともに白日の下に晒されることになったのです。

叔父である行家が義経に接近してけしかけ、後白河院が義経を寵愛したことなどもあって、頼朝の義経に対する警戒感は明らかな敵意へと変わり、同年10月17日、源頼朝の放った刺客が六条室町の義経邸を襲撃するに及び、とうとう収拾不可能な事態となります。

翌日、義経は後白河から頼朝追討の院宣を獲得しますが、いっこうに軍兵が集まらないため、いったん西国へ落ちることを決めます。ところが、11月6日、摂津国大物浦を出航してまもなく、暴風と逆浪に襲われて船団は散り散りになります。

その知らせを受けた頼朝はみずから軍を率いての上洛を取りやめ、代わりに北条時政を送り込み、義経捜索の指揮を執らせるとともに、朝廷に圧力をかけさせました。

そのなかで、12月6日になされた上奏に興味深い一節があります。「行家・義経の家人や、両人に追従して謀反を唆していた人びとも、その罪の深さを取り調べて、官位にある人びとについては、それぞれ解官・停廃すべきである」というのは当然として、「僧や陰陽師の類が含まれているとの噂があるが、同じく追放すべきである」と、頼朝を呪詛した者をも処罰の対象にするよう求めているのです。

ここからは、「命令に従っただけ」との言い訳は認めないとする、頼朝からの強いメッセージが感じられます。過去の罪を罰するよりも、これから先を見越しての警告です。

これには前例があって、『吾妻鏡』の1184年8月20日条によれば、頼朝は木曾義仲の祈祷師を務めたとの理由から、掃部頭安倍季弘の官職を停止すべきと注進しています。実際に処罰が下るかどうかは問題でなく、朝廷を震え上がらせるだけで効果は十分でした。

義経の消息については、大和国吉野山に潜伏しているのが発覚してから、多武峰（現在の談山神社）に向かったところまでつかめていました。

義経が多武峰に向かったのは、蘇我氏打倒の政変で中核を担った中臣鎌子（のちの藤原鎌足)にあやかろうとしたに違いなく、同じ目的から、他の有力寺社を訪れる可能性がありました。

「神出鬼没な義経を見つけ出すのは人知の及ぶところではなく、ぜひとも神仏に頼るべきです」

頼朝は人びとの意見に従い、鶴岡八幡宮寺をはじめとする関東の神社仏寺に祈祷を命じました。すると若宮別当の円暁から、「上野国の金剛寺で義経に遭遇する」との夢のお告げ伝えられますが、完全な空振りに終わります。

談山神社(著者撮影)

そんななか頼朝がもっとも警戒したのは、やはり伊勢大神宮でした。大神宮は朝廷の許可なき祈祷は受け付けないとしていましたが、逆に言えば、祈祷が行われた件に関しては朝廷が承諾済みということです。頼朝としても後白河と正面からやり合うつもりはなかったので、伊勢大神宮については、周囲から過敏と思われるほど神経を使わざるをえませんでした。

案の定、『吾妻鏡』の1186年3月15日条には、「義経が大神宮に現れ、所願成就のためと称して金製の剣を奉納した。この大刀は合戦の間に身につけていたもの」という記事が見られます。同じく1186年6月7日条には、神祇官に奉職する大中臣公宣からの書状で、先頃義経が伊勢国に現れて大神宮に参詣したこと、現在は奈良あたりに潜伏中との噂に加え、「祭主の大中臣能隆が義経に内通して祈祷を行ったようです」との報告を受けていますが、能隆には公宣と祭主の座を巡って争った経緯があることから、頼朝は内通と祈祷に関しては半信半疑だったようです。

祭主とは伊勢大神宮にのみ置かれた神官の役職で、天皇の代理として祭祀を管理することに加え、朝廷と神宮との仲介を主宰する要職です。大中臣氏により世襲されましたが、役得が大きいことから、一族内で争奪戦が絶えなかったのです。

確たる証拠は見つからなかったようですが、頼朝の不安は去らず、『吾妻鏡』の同年閏7月28日条によれば、伊勢皇太神宮（内宮）の禰宜を鎌倉に呼び出し、駿河国の方上御厩を寄進しています。義経ではなく、自分に味方するのが賢明と、露骨に鼻薬を嗅せたかっこうです。

これより少し前、義経が6月20日頃まで比叡山に潜伏していたことがわかっており、頼朝から詰問を受けた比叡山では、座主以下の門徒や僧綱（監督官）たちがあれこれ対応を協議したあげく、捜索のための祈祷を申し出てきたとする記事が、『吾妻鏡』の同年閏7月26日に見られます。

同じく『吾妻鏡』によれば、義経が奥州へ向かったことが判明したのは1187年2月10日のことですが、頼朝はそれ以前に伊勢大神宮の去就に関して把握していたのか、同年1月20日には祈祷への礼として、神馬8頭、砂金20両、剣2腰を奉納しています。現在の貨幣価値に換算するのは難しいですが、少なくとも祈祷の礼としては破格の数字と見てよさそうです。

陰陽道受け入れの背後にちらつく影

頼朝は義経追捕を口実に、諸国に守護を、各地の荘園と国衙（こくが）領（公領）には地頭を設置する権限を認められます。鎌倉幕府の成立時期には諸説ありますが、守護・地頭の設置を認められた1185年もそのなかの一説です。地頭には下司（げし）を務める在地領主が横すべりする場合が多く、彼らには願ったりかなったりの新職でした。

ちなみに幕府という言葉は江戸時代末期の尊王攘夷（そんのうじょうい）論者により創作されたもので、頼朝の存命時には「軍営」または「柳営」の言葉が用いられていましたが、本書では便宜上、幕府または鎌倉幕府で通します。

朝廷との上下関係はともかく、仮にも幕府を構えたからには、財政と事務処理を担う文官を揃える必要がありました。

旗揚げに立ち会った人物としてはすでに佐伯昌長、大中臣頼隆、中原光家、藤原邦通の名を挙げ、関係者としては三善康信・康清兄弟の名を挙げましたが、彼ら以外にも昌長の兄昌助（まさすけ）、同じ社の神官であった佐伯昌守（まさもり）も頼朝に出仕していたことが『吾妻鏡』から確認できます。

頼朝が鎌倉入りしてから加わって人物としては、中原親能、中原久経、藤原行政、牧宗親、大江広元などの名を挙げることができます。

中原氏は10世紀末以来、律令の解釈・教授を担当する明法博士及び儒学の研究・教授をする明経道博士を世襲した家系ですが、親能には幼少期を相模国の源義朝の家人であった波多野経家の屋敷で過ごし、経家の娘を妻とした経歴がありました。経家の妹が源義朝に嫁し、死別後に中原一族の者に再嫁して生んだのが久経と、中原家と頼朝は何かと縁があったのです。

中原親能が相模国で成長したというのは、平安時代後期の慣習と関係するのでしょう。権門勢家と直接のつながりを持たない下級貴族は五位に叙されたら一度官職を退き、地方で受領を務めるのが倣いでしたが、受領の職は常に空きがあるわけではありません。順番がまわってくるまで院の御所や公卿の家政機関で働くか、地方に下向して現地の目代を務める者が多く、後者のなかにはそのまま地方の有力武士に仕えるか婚姻関係を結ぶ者もいました。中原親能の父広季や叔父・伯父たちも、そのような理由で相模国に長く留まり、波多野氏と縁組したものと思われます。

次の藤原行政は母が熱田大宮司藤原季範の妹ですから、頼朝の叔父にあたり、1184年8月26日に公文所の立柱と棟上げが行われた際、主計允（財務庁の三等官）の肩書で三善康信とともに奉行を務め、のちには二階堂姓を名乗ります。

次の牧宗親（まきむねちか）は平治の乱に際して頼朝の命を救った池禅尼（いけのぜんに）に関係する人物だったらしく、中世政治史を専門とする細川重男氏はその著『執権　北条氏と鎌倉幕府』（講談社学術文庫）のなかで、慈円の『愚管抄』の記述などをもとに牧宗親を池禅尼の弟としています。同じく中世史を専門とする岡田清一氏もその著『北条義時　これ運命の縮まるべき発端か』（ミネルヴァ書房）で、同じく高橋典幸氏もその著『源頼朝　東国を選んだ武家の貴公子　日本史リブレット026』（山川出版社）のなかで、池禅尼と牧宗親の姉弟説を支持しています。北条時政の嫡男宗時の「宗」の字は宗時の元服に際し、牧宗親が烏帽子親（えぼしおや）を務め、「宗」の字を与えたというのですが、果たしてどうでしょう。

烏帽子親とは成人になった証として烏帽子という冠を被せる役の人を言いますが、同族でない有力者に依頼するのが普通でした。烏帽子親と烏帽子子は疑似親子の関係となり、姻戚（いんせき）以上に親しくなることもありますから、北条時政が所領の近さに加え、平氏への接近を目的に牧宗親を指名した可能性がないとは言い切れません。

池禅尼の実子頼盛は平氏一門のなかで唯一難を逃れました。頼盛の数ある所領のうち、駿河国大岡牧（おおおかのまき）の管理を託されたのが宗親で、いつの頃か宗親の娘が北条時政の後妻として迎えられ、宗親も頼朝に仕えるようなったのです。

最後は大江広元です。その出自を巡っては諸説ありますが、本書では日本中世法制史を専門とする上杉和彦氏の著『大江広元』（吉川弘文館）に基づき、大江維光を実父、中原広季を養父とします。姓も中原を名乗る時期のほうが長いのですが、本書では大江で統一します。

中原氏が法律と儒学の専門家系であれば、大江氏は詩文と歴史を教授する文章道（紀伝道）の家系です。2つの家系で教育を受けながら育った大江広元であれば、都の学問と法律に精通していて当然で、陰陽道や天文道について相当な知識を備えていてもおかしくはありません。

広元と鎌倉における陰陽道の関係には後で触れるとして、広元は都にいるうちに実務官僚として十分な経験を積んでいました。

広元は縫殿允という皇族の下賜用衣服の製造・管理を司る部署で2年間働いたのち、1170年12月には権少外記に任じられます。

外記局とは太政官の事務部局の一つで、朝廷の公文書を扱うところでしたが、扱う文書は証書や上奏文に加え、伊勢神宮などからの怪異に関する報告書なども含まれました。

1173年に従五位下に叙された広元は外記局を離れます。受領の空きがなく、待たされるうち、1183年4月9日には従五位上に昇進しますが、そのときすでに広元は鎌倉にいて、頼朝の右筆を務めていたことが、『玉葉』の1184年3月23日条からわかっています。

広元の東下が自分の意志によるものか、上からの命令によるものかはわかりませんが、少なくとも鎌倉に着いて以降の広元は、完全に自分の意志で行動しています。

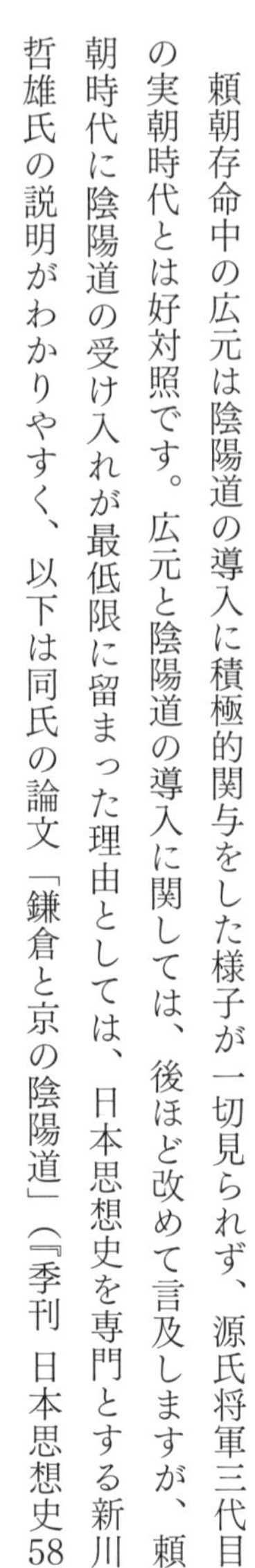

頼朝存命中の広元は陰陽道の導入に積極的関与をした様子が一切見られず、源氏将軍三代目の実朝時代とは好対照です。広元と陰陽道の導入に関しては、後ほど改めて言及しますが、頼朝時代に陰陽道の受け入れが最低限に留まった理由としては、日本思想史を専門とする新川哲雄氏の説明がわかりやすく、以下は同氏の論文「鎌倉と京の陰陽道」（『季刊 日本思想史58 思想史としての〈吾妻鏡〉』）（ぺりかん社）からの引用です。

> 頼朝からすれば幕府の権威の源泉を貴種源家の末裔（まつえい）であることに求めたからであり、それを明確化・視覚化する鶴岡八幡宮寺の造営に力を入れて、宮寺での顕密にわたる仏教法要・神祇祭祀を制度化してゆくことが、頼朝の宗教政策の基本であったからである。

頼朝というカリスマがいたから、まだ陰陽道の助けを借りる必要性が少なかったということです。

天文でわからないことは、京都に問い合わせ

都の中務省（なかつかさしょう）管下に陰陽寮という官庁があり、長官である陰陽頭以下、助・允・大属・少属

の事務官僚が配属され、技能分野には陰陽部門、暦部門、天文部門、漏剋の4部門があることは前にも触れました。

ところで、陰陽博士の職が賀茂・安倍の二氏の独占状態にあったのに対し、天文博士の職は安倍一氏の独占状態にありました。

広い意味では、天文の異変も天変地異に含まれますが、落雷や地震と違って、星の配列の異変や彗星（すいせい）の登場などを知るには絶えざる観測が必要で、博士の職が一氏に独占されていては、観測はできても、それが何を意味しているのか、どういう対策を講じればよいかがわかりません。そのため『吾妻鏡』でもしばらくは以下のように、天文の異変を伝える記事だけが並びます。

1189年2月28日
丑（うし）の刻（午前1〜3時）になって住吉小大夫昌泰（まさやす）が参上して申した。
「今夜は見慣れない星が見えます。彗星かもしれません」。
同年3月30日
白気（はっき）が天を通って北斗七星のうち魁星（かいせい）の部分を貫いた。その長さは五丈余りもあったという。
同年12月16日
戌の刻に月蝕があった。

1192年4月29日
大流星が飛んだという。天の動きが示すところは、吉凶の判断は難しいという。

1193年11月5日
右近将監の大江久家が昨夜鶴岡八幡宮に降臨した星の図をご覧に入れた。将軍家(源頼朝)はとりわけ信仰されたという。

北斗七星 ©pixta

1189年3月30日条にある「魁星」とは北斗七星の第一星、柄杓になぞらえたとき、水を汲む部分の先端にくる星です。北極星と同じく、北斗七星も人の寿命を司ると考えられていました。「白気」は白い尾を引く彗星かと思われます。

1193年11月5日条に名のある大江久家は天文のプロではなく、好事家の類で、頼朝への贈り物として天体図を持参したようです。

天文の観測はできても、その意味するところを読み取り、対策を提言できる人材が鎌倉には皆無でした。それまで頼朝がやり取りしていた都の大物は、後白河院の専横を苦々しく思っていた九条兼実だけでしたが、1190年の上洛時に人脈拡大の糸口をつかんだらしく、

1195年2月の再度の上洛までにそれは確固たるものと化していました。選べる立場を取るためには、窓口を複数設けるに越したことはなく、おかげで頼朝は陰陽寮に仕事を依頼することも、情報をまわしてもらうことも可能になりました。そのことを伝える最初の記事は『吾妻鏡』の1195年10月3日条に見られます。

天文博士安倍資元朝臣からの先月十七日の書状が鎌倉に到着した。太白の変について一巻の勘文を副えて進めてきた。

ここにある「太白」とは金星のことで、安倍資元は安倍晴明の子孫です。晴明の子孫は嫡流の泰親流、晴道党、宗明流の三流に大別されましたが、資元はそのうち宗明流の人でした。右の勘文については、九条兼実の日記『玉葉』にも記事があるので、詳細がわかっています。異変が確認されたのは同年9月7日のことで、「金星と熒惑（火星）が太微に入って相犯した」ことを「太白の変」と称したのです。「太微」とは星空を構成する三垣（垣は宇宙空間）の一つで、天帝の宮廷と考えられました。つまり、金星と火星がイレギュラーに太微垣に入り込んだ上、異常接近して見えたというのです。

金星と火星はどちらも、兵乱を司る星と目されていました。中国・後漢時代に成立した『漢書』の「天文志」には金星について多くの説明が施されているので、いくつか例を挙げましょう。

五星が北落星（天軍の門）を犯して羽林天軍（天子の宿衛を司る）に入るときは、天下に兵乱が起こる。とりわけ火星・金星・水星が犯すときはもっともはなはだしく、火星が犯せば軍の憂患がある。

金星が出るべきでないのに出、入るべきではないのに入れば、天下に挙兵がある、それにあたる国は亡ぶ。

金星は軍のごときものであり、火星は憂えである。それゆえ、火星が金星に従えば、軍に憂えがあり、これを離れると、軍は伸び広がる。火星が金星の右に出れば、軍を分かつことがあり、その左に出れば、副将の戦がある。火星の運行に金星が追いつくときは、その軍を破り、将を殺す。

どう解釈するにせよ、太白の運行に狂いが生じるのは不吉な前兆であるので、朝廷では同月10日と29日に祈祷を行ったことが『玉葉』に見られます。あいだの17日に鎌倉でも祈祷をするよう進める使者を遣わしたわけで、『吾妻鏡』の同年10月7日条に見える鶴岡八幡宮寺若宮の臨時祭と同じく京都に貢馬（こうば）8頭を送ったという同じく8日の記事は、それを受けての対応とみて間違いないでしょう。

第1章でも取り上げましたが、本書では陰陽寮所属の天文生は、『史記』の「天官書」、『漢書』の「天文志」、『晋書』の「律暦志」、『三家簿讃（星官簿讃）』、『韓楊要集（天文要集）』などを基本教材としました。前三者は中国正史のなかの一篇で、後二者は天文に関する専門書です。

明けの明星（金星）©pixta

どれも古代中国で成立したものですが、そこに共通するのは統計的な裏付けの存在です。因果関係は説明できなくとも、膨大なデータを基にした分析結果には、軽視することのできない重みがあったのです。

怪異が起きたら為政者は身を慎むべし

頼朝が武家政権の本拠地として定める以前、鎌倉にはすでに20近い寺社があったと推測されることから、寒村というほど人口希薄な地ではなかったようです。それでも平安京とは比較にならず、頼朝が鎌倉を政治の中心と定め、御家人たちにも屋敷を構えるよう命じてからは人口が急増しました。人口密度が増し、建物が軒を並べるようになれば火災が多くなるのも、怪異の目撃情報が増えるのも、ある意味当然だったのです。

怪異の報告は平氏滅亡の直後から増え始めたようで、『吾妻鏡』の1186年2月4日条には以下の記事が見えます。

> 御所の北の山の麓で狐が子を生んだ。その子狐が御所の寝所に入ってしまった。卜筮を行ったところ、よろしくないとの結果が出た。
> そもそも去年から、怪異が頻繁に起きている。
> それに先ごろは、頼朝の夢のなかで、一人の高僧が枕もとに立ち、射山（後白河院）のことを大いに重んじたてまつるように、さもなければ物忌みをするようにと申したという。
> そこで円暁が参上し、荒神供を執り行ったという。

ここに出た「物忌み」とは、一定期間飲食や行動を慎み、不浄を避けることを指し、神道で言う斎戒・潔斎と同じです。

また祓として行われたと見られる「荒神供」について、民家信仰で「荒神」と言えば竈の神を指すのが普通ですが、ここの読みは「あらがみ」で、漠然「荒々しく人に災いを及ぼす神」を指しているようです。

子狐一匹に対して大騒ぎしすぎと思われるかもしれませんが、新造の街であれば昨日まで異郷の他人であった存在がいきなり隣人になるわけで、打ち解けるまでに時間がかかるのも、ちょっとしたことで不安が走るのも無理はありませんでした。

おそらく子狐騒動が忘れられた頃でしょうか、『吾妻鏡』の同年5月1日条に、今度は昆虫の蝶の怪異についての記述が見られます。

先頃より黄色の蝶が飛びまわり、特に鶴岡八幡宮に群れ集まっている。これは怪異である。そこで今日、供物を捧げる際に、藤原邦通を進行役に臨時の神楽を行った。そのとき、八幡大菩薩が巫女に憑依して、神託を下した。「反逆者が西から南へ廻り、南からまた西へ帰る。西からさらに南へ至り、南から東へ行こうとする。源頼朝の運が傾くのを日夜うかがっている。よく神と主君を崇め、善政を行うようにすれば、二、三年のうちに、その者は水の沫のように消滅するだろう」これを受けて頼朝は神馬を捧げるとともに、重ねて祓を行ったという。

健康な人の突然死、突然の乱心、無風状態での倒木、庭先での狐の死体の発見、神前での流血など、怪異とされる出来事の内容は多岐にわたりますが、事の大小に関係なく、当時の鎌倉の空気としては無為無策は不安にすぎ、何かをせずにはいられなかったようです。

物忌みや祓、神仏への奉納など、頼朝の対応も固定化されていませんが、『吾妻鏡』の同年6月1日条では、相模国の農民の苦境を憐れんだ頼朝が国中の主な百姓らに一人に一斗ずつ米を支給したことをもって、「怪異に基づく災いを攘う上策」と持ち上げています。

後白河院も1188年4月12日に発した院宣のなかで、「人の愁いを取り除くのに徳政以上のものはない」と述べていますが、『吾妻鏡』には徳政とは別に、占いの結果として、為政者に身を慎むよう求める記述が多く見られます。

とうの昔に葬り去られたかと思えた災異天譴論がときどきフッと蘇るというか、都では非常に稀でも、鎌倉ではむしろそれが王道となるのでした。

もしかすると頼朝は司馬遷『史記』の「天官書」にある以下の一節を手本にしたのかもしれません。

> 最上の君主はまずみずからの徳を修め、それに次ぐ君主は政治を整え、その次の君主は人民の救済に努め、その次の君主は災害を祓い除くことに努め、もっとも下の君主はどれもしない。

都の院権力を否定しないまでも、距離を置こうとする頼朝には、院よりはるかにまともな為政者を目指すという強い自覚が感じられます。そんなとき一番の手本としたのは国内の先例ではなく、やはり中国の史書だったのではないでしょうか。

大地震、大雨、落雷。募る自然災害への恐怖

失火は人の不用心からも起こりますが、少なくとも当時においては、地震や雨、雷が人工的に発生することはありえず、為政者にできるのも被災者の救援と不安を鎮めるためのパフォーマンスくらいしかありませんでした。

現代人のなかでは、落雷の恐ろしさを実感している人は非常に稀でしょうが、平安時代は事情が異なりました。先述した菅原道真が非業の死を遂げてからはなおさらです。

道真が亡くなったのは903年2月25日ですが。930年6月26日に起きた平安京清涼殿（せいりょうでん）への落雷は道真の祟りと受け取られました。大納言の藤原清貴（ふじわらのきよたか）と右中弁（うちゅうべん）の平希世（たいらのまれよ）の死者二人を出した事件です。

27年もの歳月を経ているのに、どうして関連付けられたのか不思議に思われるでしょうが、909年の藤原時平の急死をはじめ、宮中で起きた事故や自然災害、藤原氏の不幸などがすべ

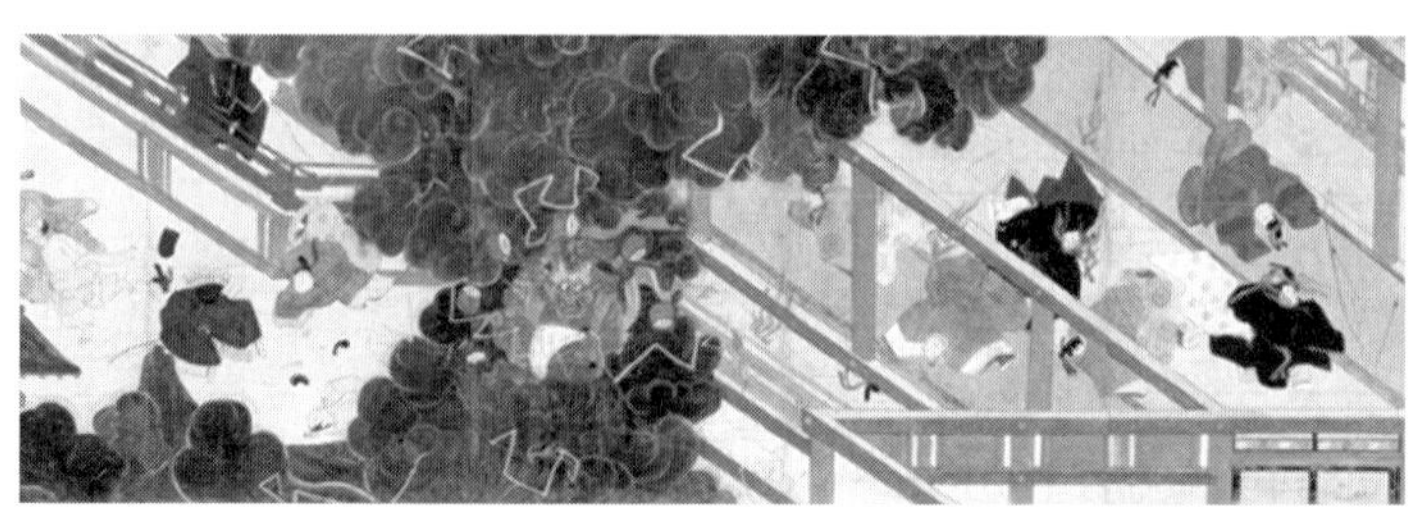

清涼殿落雷事件『北野天神縁起絵巻』

て道真の祟りであるなら、27年の歳月は空白期ではなく、忘れる間もなく祟りが繰り返されたと受け取られ、清涼殿への落雷と道真の祟りを結びつけるのは、むしろ自然な感覚だったのです。

朝廷と藤原氏がどれほど祟りを恐れていたか。朝廷が923年に道真の名誉回復を図るべく、右大臣への復帰に加え、正二位（しょうにい）の官位を追贈した事実から、明確に知ることができます。それで終わらず、993年には正一位・左大臣、さらには太政大臣の追贈に加え、天満（てんまん）大自在天神（だいじざいてんじん）の神号まで贈っているのですから、容易には恐怖を拭えずにいたことがわかります。

藤原氏は朝廷に働きかけるだけでなく、独自の祭祀も行い、919年には藤原仲平（なかひら）が太宰府天満宮の社殿を、959年には右大臣の藤原師輔（もろすけ）が北野天満宮の社殿を建立しています。仲平は道真失脚を主導した時平の次弟、師輔は時平の三弟忠平（ただひら）の子ですから、時平に近い親族ほど道真の怒りを鎮めようと血眼（ちまなこ）になっていたことがうかがえます。

参考までに、今や全国に1万2000社も鎮座する天満宮は菅原道真を祭神とし、太宰府天満宮と北野天満宮の2か所を総本山としています。太宰府天満宮の鎮座地は道真の亡骸が埋葬された場所でもあります。

このような前例があることから、落雷を誰かの祟りとする感覚は治承・寿永の内乱後も健在で、『吾妻鏡』の1187年4月14日条にも、「大江広元の厩に落雷があり、馬三頭が斃れ、屋根や柱の多くが焼失する被害を出しながら、棟木の上に置いておいた般若心経一巻だけは少し焼け焦げたくらいで済んだため、広元が頼朝のもとに持参し、仏法の力はまだ地に落ちていないと、喜びの涙を話しながら報告した」との記事が見られます。

仮に般若心経まで焼失していたら、時期的に見て、平氏一門の祟りと明記されるところです。奇跡的に文字の読める状態で回収できたことから、御仏の加護が強調される内容になったものと考えられます。落雷以外では、地震や大雨・長雨、日蝕・月蝕なども恐怖の対象でした。

天文道と暦道のプロはまだいないまでも、日蝕・月蝕の予測は可能となっており、『吾妻鏡』の1190年6月14日条には、次のような記述が見られます。

> 源頼朝は小山兵衛尉朝政の家に出かけられた。酒宴の間に白拍子らが群参し、芸を披露した。今夜は丑の刻に月蝕となるため泊まられたという。

ここからは、月蝕の最中、屋外にいることを不吉とする考え方がうかがえます。

地震に関しては、『吾妻鏡』の1191年12月26日条に興味深い記述があります。

去る二十二日の子の刻に常陸国鹿島社が大きな音を立てて揺れ動いた。大地震のようであった。これを聞いた人びとは耳を驚かした。これは合戦や大葬の前兆である、と禰宜の中臣広親(ひろちか)が注申してきた。

頼朝は身を慎み、側近を遣わして、神馬(しんめ)を奉納させたという。

鹿島社の祭神は軍神ですから、それが騒ぐのは兵乱の前兆以外にありえませんが、平氏も奥州藤原氏も滅んだ後では頼朝に対抗できる外敵は日本国中に存在せず、頼朝には思いあたる節がありません。

強(し)いて疑うなら、御家人のなかに恩賞に不満な者がいて、謀叛か暗殺を企んでいる可能性は否定できませんでしたが、上総介広常のように露骨な態度を示していない者を何の証拠もなく粛清すれば藪蛇(やぶへび)になる恐れがあります。とはいえ、何もしないわけにもいかないというので、鹿島社に神馬を奉納することで済ませたのではないでしょうか。

平氏と奥州藤原氏の怨霊化を阻止した秘策

平氏一門は1185年3月に壇ノ浦で滅亡。奥州の藤原秀衡が1187年11月に病死すると、2年後の閏4月には秀衡の後を継いだ泰衡（やすひら）により義経が殺されます。大義名分を失ったはずが、頼朝は義経を匿（かくま）った罪は叛逆よりも重いとして遠征を強行。同年9月には奥州藤原氏を滅亡させます。

これだけ多くの命を奪えば、怨霊の群れが押し寄せてきてもおかしくはありません。頼朝当人が怨霊の存在を信じなくとも、世間がみな信じていればやはり気持ちのよいものではなく、頼朝に有形無形の不利益が及ぶことも懸念されました。

頼朝とて人情の機微に鈍いわけではなかったので、後白河院から平氏の怨霊を鎮めるため、高野山に大塔（おおとう）を建立したいと持ち掛けられたときには、即座に賛成しました。『吾妻鏡』の1186年7月24日条には、5月1日から厳密な仏事が営まれ、同日に供養の料所（りょうしょ）（所用の費用に当てるための領地）として、備後（びんご）国太田庄が院の手印（ていん）を添えて寄進されたことが記されています。

高野山は真言密教の総本山、弘法大師（こうぼうだいし）こと空海（くうかい）が開いた霊場ですので、鎮魂と供養を目的とするなら最上級の場所でした。時代は下りますが、戦国大名の墓が集中しているのも同じ理由に拠ります。

源頼朝の放生会。鶴岡八幡宮
（月岡芳年画）

高野山の大塔は後白河院が言い出したものですが、頼朝はそれとは別に独自の策も講じました。1187年8月15日に鶴岡八幡宮寺若宮では初めての開催となった放生会（ほうじょうえ）がそれです。

放生会とは、本来は不殺生・不食肉の戒めに基づき、鳥・魚などを野や海などに放って命を救う法会でしたが、日本では記録上最古の放生会が行われた578年以来、災いの回避を目的にすることが多く、八幡宮では戦乱で死者を出した償いとして行われるのが慣例化していました。頼朝は鶴岡八幡宮寺若宮でも放生会を取り入れ、毎年8月15日の実施を定例化しますが、それ以外にも事あるごとに臨時の放生会を催しました。どれだけ多くの恨みを買っているか、強い自覚があったのかもしれません。

頼朝は奥州の平泉で目にした大長寿院と称する二階建ての本堂が強く印象に残っていたため、鎌倉にそれを模した寺院を建立しました。永福寺（ようふくじ）という名に加え、二階堂の別称を与えましたが、『吾妻鏡』の1189年12月9日条によれば、同寺建立の目的は、一つには色欲の苦しみからの解放、一つには数万の怨霊を慰めるためと言います。

しかし、鎌倉にどんなに立派な寺院を建立しようが、奥州の人びとの心には響かず、今ある人びとを宥(なだ)めるには奥州で目に見える何かをやらねばなりません。『吾妻鏡』の1195年9月3日条に見える、「陸奥国平泉の寺塔は特に修理を加えるよう」との指示は、死者の供養を兼ねた人心収攬(じんしんしゅうらん)の一策と思われます。

祟りの被害については右の指示を出すより2年2か月前、『吾妻鏡』の1193年7月3日条に具体例が見られます。

祟られたのは御家人の小栗十郎重成(おぐりじゅうろうしげなり)で、奥州遠征の戦利品として藤原泰衡の宝物庫にあった玉幡(ぎょくばん)（旗のような飾り）を、許可を得た上で持ち帰り、氏寺に飾っていたところ、毎夜の夢に山伏数十人が現れ、玉幡の返還を求められました。その夢が十夜続いた後、重成は心身に異常をきたし、神託と称して常に取りとめのない言葉を吐くようになったというのです。

重成と玉幡のその後について、『吾妻鏡』には何の記述もありませんが、話の流れからすれば、少なくとも、玉幡は平泉に返還されたと見るのが妥当でしょう。祟りを断つに、それがもっとも手っ取り早い方法なのですから

平泉への供養は頼朝の死後も北条政子により受け継がれ、『吾妻鏡』の1213年4月4日条には、夢に甲冑姿の法師が現れ、「平泉の寺の荒廃は恨みに思います。まずはお子様たちに運のために警告します」と告げられたので、夢から覚めた政子はただちに修復作業を手配したとあります。

病の原因は邪気。医師ではなく僧侶と験者が呼ばれた

病を患ったら医師に診てもらう。現代の日本ではそれが常識ですが、平安時代末には医師の絶対数からして足らず、地方では神仏に頼るのが珍しくありませんでした。権力者であっても同様です。

たとえば、『吾妻鏡』の1185年12月11日条には万寿（のちの頼家）の急病で御所中が騒然となり、鶴岡八幡宮寺別当の円暁が加持祈祷（かじきとう）を行うために呼ばれたことを伝えますが、医師についての記述は見当たりません。『吾妻鏡』全体の書き方からして、当たり前のことを省く傾向は見られないため、このときは医師を呼ばなかったと見るのが妥当なようです。加持祈祷の甲斐あってか、万寿は同月15日に回復しています。

病人の治療を加持祈祷に頼るのは、病の原因がモノや邪気（じゃき）にあると考えられたからです。『吾妻鏡』の1187年12月16日条にはそれを明記した記述があります。

足利義兼の妻が急な病で危篤状態に陥った。御台所（北条政子）が見舞いのため、その宿所に赴いた。彼女は政子にとってすぐ下の妹だったからです。夜になって小康状態になりました。この病は邪気が原因と言われています。

頼朝の長女大姫は、許嫁の義高（木曾義仲の子）を殺されたことで心に深い傷を負い、ちょっとしたことで体調を崩しがちでしたが、『吾妻鏡』には医師に診察されたとする記述は一切なく、祈祷に頼り切りです。時には大姫自信が行動を起こすこともあって、『吾妻鏡』の１１８６年５月17日条には、大姫が自身に取りついた悪い気を退治するため、南御堂（勝長寿院）に籠もったとする記事も見られます。勝長寿院は父義朝の菩提を弔うため頼朝が建立した寺院ですから、孫娘にも加護が及ぶと心配したのでしょう。参籠はそれから14日間も続けられました。

頼朝の異母弟・範頼が瘧（周期的に発熱する病気）で死線をさまよったときに呼ばれたのは専光房良暹と覚淵でした。彼らには初歩的な医術の心得があった可能性もありますが、『吾妻鏡』は加持を行った記録しか伝えていません。加持が開始されたのが１１８８年２月23日で、３月２日には平癒し、出仕も果たせたので、頼朝は感心のあまり、専光房に馬を与えたとあります。平清盛の死因もその症状からして、マラリアの可能性が高く、都で最高権力として暮らし、最善の医療を受けられたはずの清盛でも助からなかったのですから、範頼の平癒は奇跡に近い出来事と言えます。

同じく『吾妻鏡』の１１９２年７月３日条には、北条政子が体調を崩したので、鶴岡八幡宮寺若宮別当の円暁が、「護身のため祗候した」とあります。

ここに出た「護身」とは文字通り、「身を護ること」、「祗候」とは「謹んでお側に奉仕すること」

を意味し、験者に命じているのであれば、頼朝の命令内容は、昼夜を通して次の間か廊下に控え、仏法の力で邪気を払い、新たな邪気も近づけるなということになります。

相手が形ある存在ならば、警備の人数を増やせばいいことですが、目に見えず、刀や矢も通じないモノが相手では何の役にも立ちません。一番頼もしいのは、きちんと修行を積み、実績も豊富な験者だったのです。もちろん、ここで言う実績は科学的に証明できるものでも客観的なものでもありませんが。

とはいえ、瘧のような病に際して神仏頼みに終始したのは宮廷も同じで、『吾妻鏡』の１２１７年７月・８月条には、後鳥羽院が瘧病のため毎日のように発作を繰り返し、智者の誉れ高い高僧が祈祷に励んでも効果なかったのが、前陰陽博士の安倍道昌（あべのみちまさ）が泰山府君祭（たいざんふくんさい）を行ったところ、翌日には回復したとの記事が見られます。タイミングがよかっただけなどとは見なされず、陰陽道の呪力が改めて認証されるところとなったのです。

話を鎌倉に戻すと、身内に病人が出ても祈祷や願掛け頼みだった頼朝にも、一件だけ例外がありました。自身が歯痛に襲われたときがそれで、『吾妻鏡』の１１９４年８月22日条に、「将軍家がいささか病気となられた。歯の病気という。これにより雑色（ぞうしき）（鎌倉幕府の下級役人）を上洛させ、良薬を探されるという」とあるのです。

同月26日には少しよくなったので、外姪（がいてつ）にあたる一条高能（いちじょうたかよし）（母が義朝の娘）をお供として南御堂・永福寺に参詣した後、多古江河（現在の神奈川県逗子市を流れる田越川）の畔を散策したとありますが、閏8月を挟んで、9月22日に再発したとの記事が見られます。

4日後の9月26日になってようやく、都の医師に治療法を尋ねるため、特別に飛脚を立てており、10月17日条には、「頼朝の歯の治療について、丹波頼基朝臣から注進があった。その上、良薬なども献上された」とありますが、丹波頼基は典薬頭という、薬剤・治療・薬園のことを司る典薬寮の長官職を務めるその道のプロでした。頼朝の便宜で三河国に所領を有していたので、頼まれれば拒めるはずはなく、当時としては最善の処方を伝えたはずです。

翌18日には上総介の足利義兼が頼朝の歯痛平癒のため日向薬師堂に代参したとの記事が見られます。現在の神奈川県伊勢崎市日向にある高野山真言宗の寺院がそれで、衆生の病と苦しみを癒すとされた薬師如来を本尊とする霊場として8世紀の創建当初から人気が高く、頼朝と北条政子も何度か足を運んでいます。

このときは歯痛がひどく、自分では行けないから、足利義兼に代参を命じたのでしょうが、これは義兼にとって渡りに船でした。母方で頼朝の従兄弟にあたり、北条政子の妹を妻に迎えたとはいえ、甲斐源氏の安田義定が粛清されて日が浅いため、頼朝に取って代わりうる源氏一門の粛清が始まったのであれば、次は自分の番ではとの不安に苛まれておかしくはなく、「参詣の代参に指名」というのは信頼されている証であるため、義兼は代参を無事にやり終えることで、当面の不安から解放されたはずです。

一方で、頼朝の歯痛は完治することなく、『吾妻鏡』の翌年8月19日条に再発、26日条には「少しよくなった」とする記事が見られます。

これを教訓としたのか、のちに下の娘である三幡(さんまん)が重病に陥ったとき、北条政子は針医師で典薬頭の丹波時長(ときなが)（頼基の孫）を都から呼び寄せています。

もうお気づきだと思いますが、医薬の分野では陰陽師のお呼びがかかることは少なく、僧侶や験者が主役です。これは、病気の治癒が陰陽師本来の職掌の外にあったことに起因します。陰陽師の医薬への参画は医師の見立てと薬師による薬の選択が適切かどうか、その是非を占うことに始まり、長い歳月を経て、密教修験者と同等の力を認められるようになったのでした。

前兆があった曾我兄弟の仇討ち

頼朝の味方でありながら、一番の難敵でもあった後白河院は1192年3月に崩御(ほうぎょ)しました。最大の抵抗勢力が消えたことで、頼朝は朝廷との交渉で完全に優位に立ち、1192年7月には征夷大将軍に就任します。

頼朝には先の上洛時に後白河院から大納言・右大将に任じられながら、1か月足らずで辞した過去があり、征夷大将軍の職も拝命から2年で辞することになります。頼朝が欲したのは、官位では二位相当、在京の必要がない官職で、惣官は平宗盛、征夷大将軍は木曾義仲が任じられたものだから不吉として、消去法で征夷大将軍に落ち着いたのです。

頼朝がわずか2年でそれを辞したのは、朝廷に束縛されるかのようなイメージを御家人たちに与えることを避けるためで、御家人たちを束ねるものとしては前将軍の肩書だけで十分でした。

頼朝に刃を向ける者などいるはずがない。まして東国には。誰もがそう信じて疑わないなか、その事件は起こりました。1193年5月28日、駿河国富士山の裾野で大規模な巻狩りを楽しむ最中に起きた曾我兄弟の仇討ちがそれです。

曾我兄弟の仇討ち「曾我物語図絵」（歌川広重画）

事件の当事者は伊東祐親の孫の曾我十郎祐成（すけなり）・同五郎時致（ときむね）兄弟と伊東氏同族の工藤左衛門尉祐経（すけつね）です。兄弟の父祐泰（すけやす）（祐親の嫡男）が狩場でどこからか飛んできた矢で命を奪われたとき、兄祐成は5歳、弟時致はまだ3歳の子供でした。兄弟が父を殺した犯人が工藤祐経と知ったのは事件から4年後のことで、以来二人は仇討ちの誓いを立て、機会をうかがい続けていたのです。

兄弟は本懐（ほんかい）を遂げた後も刀を振るい続け、闇夜であったことも重なり、御家人に多くの死傷者が出ました。祐成が討たれても時致は抵抗をやめず、一時は頼朝みずから刀に手にかける事態となりますが、側近の大友能直が頼朝の前に立ちはだかって注意を引く間に、小舎人童（子供姿をした下級の使用人）の五郎丸が時致を取り押さえたので、事なきを得ました。

時致は処刑される前に、祖父の祐親が頼朝の勘気を被っていたので、頼朝にあれこれ恨みがあったこと、頼朝に拝謁した上で自殺するつもりであったと供述しています。

以上はあくまで『吾妻鏡』にある記述ですので、すべてが史実とは限りませんが、同じく『吾妻鏡』の同年5月27日の条、すなわち事件前日の出来事として興味深いことが記されています。自他ともに弓の名手と認められる工藤景光が、その日に限って一匹の鹿も射止められずにいました。みなが不思議に思っていたところ、その夜に景光が発病します。

「このことは非常に怪異である。狩を中止して帰るべきであろうか」

頼朝はそう口にしましたが、宿老たちが反対したため、さらに7日間、巻狩りを行うことにしたというのです。

警告としての怪異があったにも関わらず、頼朝は巻狩りを中止しませんでした。そのせいで、12歳となった頼朝の嫡男頼家のお披露目でもあったハレの場は一瞬にして阿鼻叫喚の巷と化したと言いたいのでしょう。これで工藤景光が工藤祐経の親戚筋であれば話は上手く収まるの

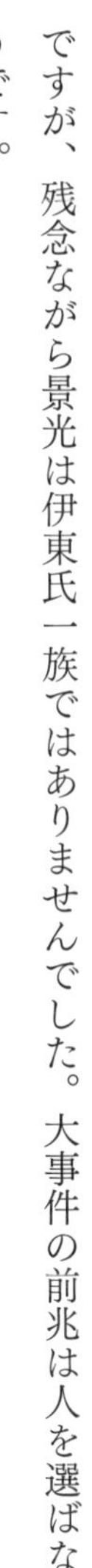

ですが、残念ながら景光は伊東氏一族ではありませんでした。大事件の前兆は人を選ばないようです。

頼朝の死を招いた不吉な橋

曾我兄弟の仇討ち事件が起きた頃には、鎌倉幕府の統治体制はほぼできあがっていました。鎌倉に置かれた政所（まんどころ）、侍所（さむらいどころ）、問注所（もんちゅうじょ）が中央官庁にあたり、将軍家の家政と一般政務を司る政所の別当は大江広元、軍事と警察を司る侍所の別当は御家人の和田義盛（わだよしもり）、訴訟と裁判を司る問注所の執事には三善康信が任じられました。地方には守護と地頭に加え、要所ごとに奥州総奉行、京都守護、鎮西奉行も置かれました。

祭祀や宗教儀礼の面では鶴岡八幡宮寺を中心にしながら、目的に応じて南御堂と永福寺を利用、さらには伊豆・箱根の二所権現と三島社まで出向くこともあるなど、鎌倉殿のスケジュールは祭祀と宗教儀礼で満ちていました。

陰陽道の祭祀はまだ稀でしたが、『吾妻鏡』の１１９０年11月6日条には頼朝の上洛について、次のような記述があります。

激しい雨が降った。頼朝は雨にもめげず入京したかったが、道虚日ならびに衰日のため延期し、野路宿に逗留した。

先述したように、衰日は陰陽道において万事に忌み慎むべき凶日にあたります。道虚日も同じく陰陽道で他出を嫌う日で、毎月の6日、12日、18日、24日、30日の、6の倍数の日がそれにあたりました。

頼朝時代は亀の歩みのようであった陰陽道に対し、仏教行事の充実は目覚ましく、『吾妻鏡』の1193年2月7日条には、頼朝が若宮別当の円暁に、法会で舞楽を披露する童舞を従来のように伊豆・箱根両山から借りるのではなく、自前で選抜するよう命じたとの記事が見られます。

ここにある舞楽とは神仏を楽しませるために行われる雅楽の演奏とそれに合わせた舞を、童舞は男児の舞い手を言います。

若宮も創建から歳月を経て、供奉僧の門弟たちも増えたから、「それでも足りない頭数は御家人の子息から適当な少年を選び出して埋めよ」との命令が下されたのです。一見些事に思えるでしょうが、鶴岡八幡宮寺をして、鎌倉幕府を支える信仰の真の中心とするには、やはり経なければならない通過点でした。

多くの命を奪い、怨霊の祟りに心当たりがありすぎる頼朝であれば、たとえ鎌倉中を寺院仏闇で埋め尽くしたところで、真の安らぎは得られなかったかもしれません。

果たして、頼朝の最期は突然訪れます。どういうわけか、『吾妻鏡』には1196年1月から1199年1月まで3年1か月もの空白があり、後世にはそれがかえって、様々な憶測を呼ぶ原因となります。

他の諸史料によれば、頼朝が息を引き取ったのは1199年1月13日のことです。訃報が京へ届いたのは同月20日のことで、慈円の『愚管抄』には「夢か現か」、藤原定家の『明月記』には「頓死（急病）か」と、摂政近衛基通の子家実の日記『猪隈関白記』ではもう少し詳しく、1月18日条に、頼朝が飲水病（糖尿病）で重体となり、すでに11日に出家したとの情報、同月21日条には去る13日に死去とあります。13世紀後期に成立した編年体の歴史書『百練抄』の1月13日条でも、病気や疲れを意味する「所労」を死因としていますが、単なる病死ではないとする声は当初からあったようです。

諸史料によれば、1198年12月27日、頼朝は相模川の橋供養に出席します。御家人の稲毛重成が亡き妻（北条政子の妹）の追善供養のために建造した橋で、頼朝に渡り初めを依頼したところ、頼朝はその帰り道に落馬し、回復することなく亡くなったというのですが、『吾妻鏡』が1196年から沈黙しているため、その間の病歴や病状はもちろん、落馬の原因が当人の不注意なのか、事故なのか、何らかの病気に拠るのか、何者かの襲撃に拠るのかを探るに必要な材料が皆無なのです。

頼朝は享年53ですから、糖尿病の合併症で突然の発作に襲われてもおかしくはありませんが、当時の口さがない人びとが噂したのは、やはり怨霊の仕業とするものでした。南北朝時代に成立した歴史書『保暦間記』がその典型的な一例を取り上げています。

同書によれば、頼朝が八的ヶ原にさしかかったところ、志田義広・源義経・源行家などの亡霊が現れて睨み合いとなり、さらに稲村ヶ崎に至ると、海上に安徳天皇の亡霊が10歳ばかりの童子姿で現れ、「今こそ頼朝を見つけたぞ」と叫んだというのです。

志田義広は頼朝の叔父にあたる人ですが、頼朝に背いたため、１１８４年5月に討ち滅されていました。義経は長い逃避行の果てに奥州で討たれ、行家も和泉国に潜伏していたところを発見され、１１８６年6月に誅殺されています。安徳天皇は遺体こそ発見されていませんが、二位尼（平清盛の後妻）に抱かれて入水していますので、壇ノ浦で亡くなったはずです。

安徳天皇に人を恨む感情があったかどうかは疑問ですが、他の3人が頼朝を恨んでいたことは間違いありません。ただし、怨霊として頼朝の前に現れる顔ぶれとしてベストであったかは別問題で、口承では語り手により様々な組み合わせがあったのではないでしょうか。

現在、国の史跡及び天然記念物に指定されている神奈川県茅ヶ崎市町屋1丁目の「旧相模川橋脚」は頼朝が渡り初めをした橋の橋脚跡とされ、頼朝の落馬地跡とされる神奈川県藤沢市辻堂2丁目の駐車場には町内会による説明板が建てられていますが、辻堂と言えば、平宗盛父子を護送してきた義経が足止めを食らい、悔しい思いをした腰越から5キロメートルも離れていません。安徳天皇の怨霊も海であればどこに現れてもおかしくないと考えれば、この二人の人選は妥当と言えましょう。

それに対して志田義広と源行家には何ら地縁が見られませんので、この二人を含むバージョンは少数意見であった可能性が高いです。

頼朝の持仏堂跡（鎌倉の白旗神社・著者撮影）

ちなみに、相模川の橋を奉納した稲毛重成は従兄弟の畠山重忠を讒訴したとして、重忠が討ち取られてすぐ、三浦義村に誅殺されました。以来、この橋は不吉な橋として修理もされず、数間にわたり腐食が進んでいたのですが、1212年2月28日に源実朝が命令を下し、父頼朝が亡くなったのは武家政権ができてから20年も経過してからのこと、稲毛重成は当人の不義で天罰を受けたのであって、橋の問題とは関係がない。この橋は二所詣に欠かせない橋なので、速やかに修理をさせた上、「今後は一切不吉と称してはならない」と命じたといいます。

コラム 4

『キングダム』と呪術
——秦の始皇帝の天下巡遊に秘められた意図

原泰久の人気漫画『キングダム』には「蚩尤」という影に生きる一族が登場します。独特の呼吸法で神業に近い剣技を操るのですが、そんな彼らには死者を蘇生させる禁術が語り伝えられていました。施術者の命を分け与えることにより、冥府に赴く途中の魂を呼び戻す術ですので、心肺停止から時間が経過するほど成功率は低くなるとの設定です。

単行本58巻では「禁術」という普通名詞で語られますが、61巻では「呼び戻しの術」という固有名詞が明記されています。陰陽道にも招魂祭という儀式がありますが、これは除病や息災のために行われるので、少し毛色が異なります。むしろ道教の摂魂に近いと言えます。

摂魂の「摂」には「引き寄せる」という意味があり、生者や死者の霊魂を呼び寄せる摂魂は招魂、返魂とも呼ばれます。ここで言う「生者の霊魂を呼び寄せる」とは気絶や昏睡などで、一時的に肉体から遊離した霊魂を戻すことをいいます。

東晋の葛洪が著した『抱朴子』は呼吸法や護符、避邪、鬼神の使役、仙人になる方法など、様々な秘術の概要を伝えていますが、儒学の経典の一つ『儀礼』が伝える内容といっしょで、死者の名前を連呼するのが基本です。『キングダム』の単行本58巻でも施術者の羌瘣は費信隊の将兵たちに、「変化があったら、皆で（隊長の）信の名を呼んで」と言い残し、自分も天地の狭間に入っていきます。

つまり、虫の息の人を前に家族や友人が必死に声をかけるのは気休めなどではなく、歴史と伝統ある儀式の名残りなのです。『儀礼』には、家族が屋根の上から死者の衣服を振りかざし、死者の名前を叫びながら、帰還を呼びかける儀式も載せていますが、これは死者の魂が天に昇るとの考えに拠るもので、冥府が地下にあると考える地域では、井戸の底に向かって叫ぶのが慣わしだったそうです。

羌瘣による禁術は、「心の目は内に、心の手は汝（なんじ）の中心に、納むるは白金の瀬、定むるは泰山の礎」という呪文に始まりますが、本文にも記したように、古代中国では泰山は冥府そのものか、冥府への入り口があると考えられていました。右の呪文には、冥府へ通じる道を開くためのものなのでしょう。

『キングダム』の舞台は中国・戦国時代の末期で、主人公は秦王政に仕えた将軍の李信ですが、東方の六国を滅ぼし、中華の統一を成し遂げた政は新たに皇帝の称号を設け、みずから始皇帝と名乗ります。偉業を成し遂げた始皇帝は、戦国七雄のあいだでバラバラだった通貨・度量衡・文字の書体・車両の幅などを統一したのをはじめ、北方民族の侵攻に備えた万里の長城の建設、直道と称される軍用道路の建設、大富豪の強制移住、法治の徹底などを推し進めますが、それ

秦始皇帝の兵馬俑坑 ©pixta

らと並行して5回も天下巡幸を実行しました。

六国の残党が各地に潜伏して、いつどこで襲撃されてもおかしくない状況でしたが、中華の全域に新時代の到来を実感させるためにも、天下巡幸は繰り返し敢行する必要があったのです。

しかし、目的はそれだけに限られず、各地の神々への報告と挨拶も兼ねていました。なぜかと言えば、祭祀の主宰者が交代したことを伝えておかねば、誤解が生じて、祟りを招く恐れがあったからです。

春秋時代が始まった頃、中華には大小あわせて３００近い諸侯が割拠していました。戦国時代にはそれが7つにまで淘汰されたのですが、強国が弱国を、大国が小国を併合する場合でも、土地神と祖霊への祭祀は勝者に受け継がれるのが倣いでした。数が少ないうちは個別の名のまま、個別の祭祀が行われましたが、数が増えていくとそうはいかず、個々の名は消し去られ、できるだけまとめて行われるようになります。

始皇帝の天下巡幸はそのための準備作業も兼ねていたわけですが、内陸育ちの始皇帝は斉国の旧領、現在の山東省の海岸部で思わぬ体験をします。どこまでも果てのない大海を幾度となく望むなか、始皇帝は蜃気楼を目にしたはずなのです。遠く東の海上に３つの島の姿を。

天候などの条件が合えば、現在でも目にできるそうですが、始皇帝はそれを不老不死の仙人が住む島と信じ込みました。斉国は方術のメッカでしたから、始皇帝に取り入ろうとした方士たちが吹き込んだものと思われます。以来、始皇帝は不老不死の仙薬を求め、正気とは思えない行動に走るのですが、その点については本書のテーマとはずれるので割愛します。

古代中国の呪術について知る手掛かりは歴史書の記述だけに限られません。近年は竹簡・木簡など考古学史料の研究も進み、当時の息吹をより生々しく感じられるようになりました。

古代の占い書は「日書」と称されます。この分野の研究は工藤元男氏の『占いと中国古代の社会発掘された古文献が語る』（東方選書）に詳しく、同書によれば、戦国時代・秦の版図内のものでは、現在の湖北省雲夢県睡虎地、同じく江陵県王家台、同じく江陵県九店、甘粛省麦積区放馬灘の4遺跡、中華統一後の秦代のものでは湖北省沙市清河村周家台と湖北省江陵県岳山から、まとまった量が発見されています。

睡虎地遺跡からは、悪夢をみた場合、それを祓除するために唱える祝辞などを記した占夢（夢占い）の日書が多く見つかっています。たとえば、以下のようなものです。

秦の始皇帝と方士の徐福（著者撮影）

甲乙の日の夢で、自分が黒色の毛皮の服を着て、黒い帽子を被っているのを夢見たら、それは喜事の兆しであり、水中および山間の渓流のなかで得られる。

庚辛の日の夢で、青色と黒色のものを夢見たら、それは喜事の兆しであり、木の方角と見ずの方角で得られる。

また放馬灘遺跡からは出行（遠出）に関する日書が多く見つかっています。一例を挙げましょう。

行きて邦門の困に到れば、禹歩（うほ）すること三度、壱歩を勉（すす）むごとに「ああ、あえて告ぐ」と叫び、曰く、「某の行に災いなかれ、先に禹のために道を除（はら）わん」と。すなわち地を五画し、その画せる中央の土を拾いてこれを懐（はら）む。

ここにある「邦門の困」とは城門や村落の出入り口のこと、「禹歩」は陰陽道の反閇（へんばい）の前身と言える特殊な足の運び方を指します。境である門杭（敷居）まで来たら、禹歩をするのが道中の安全を祈る呪いだったのです。

第4章 大江広元の暗躍

1199〜1219年

主なできごと

1200年1月　梶原一族の誅滅
1202年7月　源頼家、征夷大将軍となる
1203年5月　阿野全成が誅殺
1203年9月　比企氏の乱
1204年2月　伊勢・伊賀で三日平氏の乱が起こる
1204年7月　源頼家の暗殺
1205年6月　畠山重忠の乱
1205年閏7月　牧氏の変
1213年5月　和田合戦
1218年2月　北条政子が上洛
1219年1月　公暁が源実朝を暗殺
1219年2月　阿野時元の挙兵
1219年7月　三寅が鎌倉下向。都で大内頼茂誅滅

頼家のために行われた、知られざる当年星の祭

頼朝の後継者は嫡男頼家で、少なくとも鎌倉の御家人のあいだでは異存がありませんでした。朝廷から征夷大将軍に任じられるのは１２０２年7月ですが、頼朝がわずか2年で征夷大将軍の職を辞しながら、何ら支障がなかったことで明らかなように、朝廷から与えられる肩書はもはやさしたる問題ではなかったのです。

頼朝の喪に服した状況であるため、幕府では何事も自粛し、朝廷からの綸旨（りんじ）の開封さえ先延ばしにしましたが、3月2日に四十九日の法要を終えたのを機にあらゆる活動を再開させます。

源頼家（建仁寺所蔵）

そこでまず目につくのが、『吾妻鏡』の１１９９年3月6日条にある次の記事です。

　今月から毎月、中将家（源頼家）の当年星（とうねんしょう）の祭を行うよう、主計頭（かずえのかみ）安倍資元朝臣に命じた。その旨は大江広元の奉書に記し、雑色をもって京都に遣わした。

主語の欠けた文章ですが、前後の記事からして、命じた人物は北条政子か北条時政でしょう。

「当年星の祭」は陰陽道祭祀の一つで、属星祭（ぞくしょうさい）とも呼ばれます。陰陽道の考え方によれば、人は誰しも一生の禍福を司る本命星（ほんみょうしょう）（属星）を有しており、それは生まれた年の干支によって定まります。折に触れて本命星を祀り、穢れを撫物（なでもの）につけて祓い清めるのが属星祭で、撫物とは身の穢れを移して、負わせるために用いる人形や小袖のことです。

安倍資元（すけもと）は先にも登場しましたが、陰陽寮の天文博士にして宗明流の官人陰陽師です。わざわざ在京の人に依頼したのは、まだ鎌倉にプロの陰陽師にいなかったからですが、頼朝時代には一度も行われなかった当年星の祭を、頼家時代が始まってすぐ実行に移したのはどうしてでしょうか。

頼家はこのとき18歳。鎌倉殿という大役が務まるかどうかは未知数で、幕府中枢の人びとにしてみれば、何か行動を起こさないことには不安で仕方なかったはずです。頼朝の妻にして頼家の生母である北条政子や政子の父時政（ときまさ）には特に不安が強く、そんな彼らに対し、陰陽道を薦めた者がすぐ近くにいたのではないでしょうか。

この件についてはすでに新川哲雄氏が前掲論文のなかで考察を巡らしているように、大江広元以外には考えられません。都での実務経験豊富で、鎌倉にいる文官のなかでもっとも京都の事情に精通していると自他ともに認める人物だったのですから。

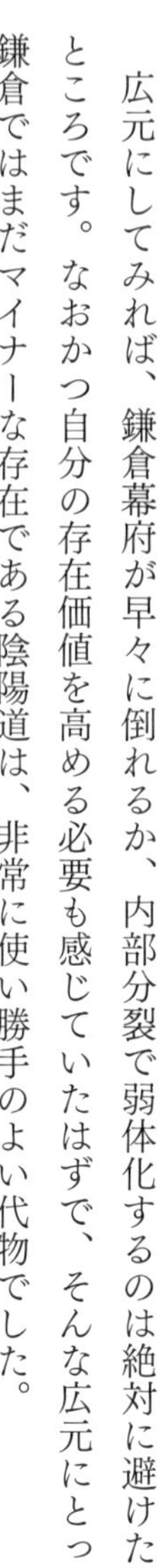

広元にしてみれば、鎌倉幕府が早々に倒れるか、内部分裂で弱体化するのは絶対に避けたいところです。なおかつ自分の存在価値を高める必要も感じていたはずで、そんな広元にとって、鎌倉ではまだマイナーな存在である陰陽道は、非常に使い勝手のよい代物でした。

この先の展開を見ると、北条政子や時政より、義時・泰時の関心を引いたようで、源氏将軍のカリスマ性が薄まるとともに、陰陽道の役割はみるみる肥大化するのですが、その点については追い追い説明します。

同じく星祭でも、生年月日から割り出される本命日に本命星を祀り、除災延命を願う本命祭と違って、属星祭は折に触れて行うものです。「今月から毎月」との要求を出していますが、陰陽師の都合も考慮にいれられたようで、『吾妻鏡』によれば、安倍資元からの使いが鎌倉に到着して、「当年星の祭を去月23日より始めた」の知らせをもたらしたのは6月8日のことでした。鎌倉幕府のために官人陰陽師が祈りを捧げた最初の例です。

後鳥羽院による五壇の御修法

平安貴族の婚姻形態は男性が女性の家に足を運ぶ通い婚が基本でした。事情は鎌倉の御家人社会もいっしょで、生まれた子供は女性の実家で育てられました。

身分の高い人の家では、生母とは別に乳母がつけられ、政子が生んだ最初の男児（頼家）も政子の乳ではなく、頼朝の乳母であった比企尼（ひきのあま）の娘の乳で育てられました。この娘は伊東祐清と離別したのち、信濃源氏の平賀義信と再婚しましたが、寝食を過ごしていたのは比企能員（ひきよしかず）の屋敷ですので、頼家もそこで育てられたのです。

頼朝は自分亡き後、頼家の庇護（ひご）者として比企能員と梶原景時（かじわらかげとき）の二人に期待を寄せていました。能員は比企尼の養子であると同時に頼家の舅であり、景時の忠義は治承・寿永の内乱を通じて証明済みだったからです。

しかし、鎌倉殿二代目の頼家時代は門出から不協和音を帯びていました。それを示すのが『吾妻鏡』の１１９９年４月12日条と20日条にある以下の記事です。

４月12日

様々な訴訟については、頼家が直に決断されることを停止し、今後は大小の事については北条時政、同義時ならびに大江広元、三善康信、藤原親能（ちかよし）、三浦義澄、八田知家（はったともいえ）、和田義盛、比企能員、安達盛長、梶原景時、二階堂行政（にかいどうゆきまさ）らが合議により、計らい処置する。その他の者が理由もなく訴訟の事を頼家に取り次いではならない、と定められた。

４月20日

頼家は梶原景時と中原仲業を奉行として、政所に文書を書き下した。

「小笠原弥太郎長経、比企三郎、同弥四郎時員、中野五郎能成らの従類が鎌倉のなかで狼藉を働いたとしても、人びとはこれを咎めてはならない。もしこれに違反する者がいれば処罰するので、近隣に周知すべきである。また右の五人（※4人の名前のみ記載）の他は特別の命令がなければ、頼家の御前に参ることは許されない」

12日条は頼家から親裁権を剥奪し、今後は何事においても宿老13人の合議で進めるとの内容、20日条は頼家側近衆を超法規的存在にするとの内容で、明らかに矛盾が生じています。これより後の『吾妻鏡』の記述を見ても、頼家の親裁権は生きているので、12日条の内容に誤りがあるか、頼家の抵抗を受けて制限の緩和を余儀なくされたと見るのがよさそうです。

ともあれ、頼家と御家人間に不協和音が生じていたのは間違いなく、『吾妻鏡』の同年5月28日条には、耳を疑うような頼家の裁定が記されています。所領の境を巡る訴えがあり、絵図を見ながら審議していたときです。頼家は自筆で絵図の中央に墨をひいて、こう言いました。

「土地の広狭は、その身の運不運によるべし。現地に使いを送り、実地検分を行うのは時間の無駄である。今後とも境界論争については、このように裁断する」

御家人たちにすれば、たまったものではありません。『吾妻鏡』のこの記述が事実とすれば、御家人たちが、頼家は鎌倉殿に相応しくないと考えてもまったく不思議ではありませんでした。北条時政の野心がありありと見えてくるのもこの頃からで、最初に標的と定められたのは梶原景時でした。

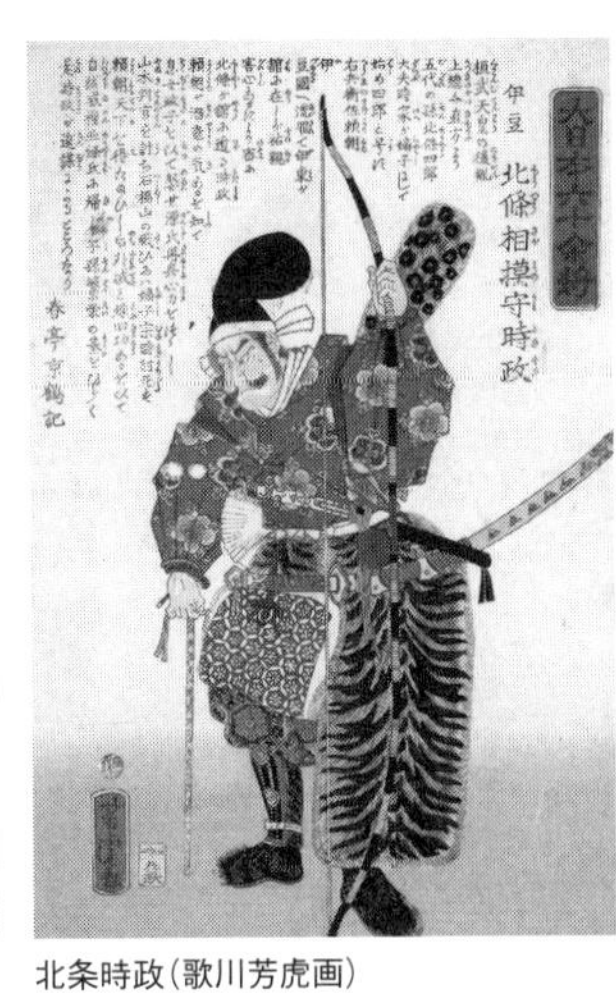

梶原景時（歌川国芳画）

北条時政（歌川芳虎画）

景時は文武両道に長けた逸材で、頼朝から無二の信頼を寄せられていました。『平家物語』では源義経を破滅に追いやった悪役、『吾妻鏡』でも粗探しに近いやり方で御家人の粛清を目論む意地の悪い人物として描かれていますが、本当のところはよくわかりません。慈円の『愚管抄』は景時を頼家の「めのと」としているので、景時の妻が乳母の一人であったか、景時が頼家の傅（幼主の守り役）であった可能性があります。同じく『愚管抄』には、「幕府で第一の郎等と思われていた梶原景時は、その妻がほかならぬ頼朝の乳母であったから、はなはだしく〈自分だけは〉と思い上がって、自分より下の郎等を軽蔑したからであろうか、その郎等どもに訴えられたのであった」とあるので、少なくとも人望がなかったことはわかります。ちなみに、『愚管抄』で言う「郎等」は御家人を指します。

『吾妻鏡』によれば、景時失脚のきっかけとなったのは、御家人の結城朝光が夢のお告げに従い、法会を主催したことにありました。そこで口にした、「忠臣二君に仕えず」という中国の歴史書『史記』に由来する言葉が思わぬ展開を招いたのです。

慈円

翌日、朝光は阿波局（政子の次妹）から、「梶原景時の讒訴によって、あなたは誅殺されようとしている」と聞かされ、震え上がります。昨日の言葉が、頼家を否定したものと捉えられれば確かに万事休すです。泡を食らった朝光が親しい間柄の三浦義村に相談したところ、義村は和田義盛と安達盛長、続いて中原仲業を招いて対策を練り、景時が讒訴を行うより早く、景時を弾劾することを決めたのです。和田義盛には侍所別当の職を所司（次官）の梶原景時に奪われた恨みがありました。

かくして、同年10月28日に御家人と有力文官66人からなる連判状が認められ、11月12日には大江広元から頼家に提出されたのですが、そこにはなぜか北条時政と義時が名を連ねておらず、『吾妻鏡』の作為ないしは隠蔽、曲筆などが感じられます。阿波局が結城朝光に伝えた情報も真実だったのかどうか、阿波局は頼家の弟八幡(はちまん)（のちの実朝）の乳母だけに、この事件への彼女の関与は偶然にしてはできすぎています。

案の定、九条兼実の『玉葉』には、御家人たちの誹り(そし)を受けた景時が、これに対応しようと、八幡の擁立を画策するも頼家の面前で御家人たちと直接論戦を交わしたあげく、敗れ去ったとあります。

ここで『吾妻鏡』の記述に戻ると、連判状を受理した頼家は即決を避けましたが、事実関係を知った景時は同月13日に所領である相模国一宮に下ります。12月9日にはいったん鎌倉へ戻りますが、同月18日に追放処分を言い渡されると、再び相模国一宮に下向しました。

ここで目を引くのは大江広元の動向です。連判状を受け取りながら提出を躊躇(ため)い、和田義盛からせっつかれ、やむなく提出するまでに半月を費やしています。当事者たちが武力対決も辞さない構えだったら、関東の所領から援軍を招集するに十分な時間でした。そうなれば勝敗がどう転ぶかわからず、広元は幕府を存亡の危機に立たせながら逡巡(しゅんじゅん)を続けたことになります。景時につくかその他大勢の御家人側につくかという問題は頼家の専制化を支持するか、御家人による合議制を支持するかの選択でもありました。

追放後も監視対象とされた景時と梶原一族ですが、翌年1月20日になって事態は急展開します。景時は一族を挙げて西への逃避行を始めたものの、駿河国清見関(きよみがせき)で行く手を阻まれ、一族ともども壮烈な討死を遂げたのです。

西へ向かったということは、都を目指したと考えるのが妥当です。後鳥羽院から院宣を得ることで、鎌倉幕府の対抗勢力として割拠を目論んでいたのではないか。余類の追及を続けたところ、甲斐源氏の武田有義が景時に与していたことが判明します。別の一味の者からも、西国支配の宣旨を授かる手はずが整っていたとの証言が得られたので、幕府のなかには後鳥羽院に疑いの目を向ける者もありました。たとえば、『吾妻鏡』の1200年2月22日条にある以下の記事です。

大江広元、三善康信らが言上した。

「梶原景時が逐電したことを、去る一日、京都に告知したところ、後鳥羽院はすぐさま仙洞御所で五壇の修法を始められました。すでに準備万端整っていたとは、何とも怪しいことです。われわれより先に、誰が景時の逐電を知らせたのでしょう。景時はあらかじめ奏聞をしてから西へ向かったと見て、間違いないでしょう」

ここにある「五壇の修法」とは真言密教の秘法の一つです。不動明王を中央として、東西南北におのおの降三世・軍荼利・大威徳・金剛夜叉の四大明王を配置した一組一体からなる五大明王を本尊とし、戦勝祈願や御敵調伏を祈願する呪法ですので、後鳥羽院のもとで、それがいつでも始められる状態にあったのは、明らかに不自然でした。

将軍の御渡りに祈祷が欠かせなかった理由

源頼家と御家人たちとの主従関係は、何度か衝突しながらも辛うじて保たれていました。『吾妻鏡』の1200年閏2月8日条には、梶原一族誅滅の余韻冷めやらぬ状況下、頼家が狩猟のため、伊豆国藍沢原(あいざわはら)に「御渡り（遠出）」とのことなので、鶴岡八幡宮寺の供僧らには奉行の藤原親能から、「往来の間、魔障がないように祈願をせよ」との命令が発せられたことを記します。

頼朝が狩猟に出る際には皆無だった祈祷(きとう)をするとは、曾我兄弟の仇討ち事件がトラウマとなったのか、それとも頼家では神仏の加護がなければ心もとないと思われたのでしょうか。答えはおそらくその両方でしょう。

頼家の器量や政治手腕には不満でも、現状では、鎌倉御家人の統率者として源氏将軍は不可欠だったからです。

宿老13人のなかでは北条時政と和田義盛、比企能員の3人の実力が頭一つ抜きん出ていましたが、御家人のなかから鎌倉殿を選ぶにはまだ無理がありました。頼朝時代に同列にあった者を主君と仰ぐなど、自尊心が許さなかったからで、北条時政にせよ和田義盛にせよ、頭一つのリードくらいでは単独で他の御家人すべてを相手にするには力不足だったのです。

誰がトップに立っても収まらないから、頼朝の後継者、貴種である武門源氏の嫡系を担ぐ。頼朝のように急死されても困るから、安全の確保には万全を期する。目に見える警備を厚くするだけではまだ安心できないので、鶴岡八幡宮寺の供僧たちに祈祷が命じられたのではないでしょうか。

供僧たちが廻廊に集まって読誦(どくしょう)したのは不断観音経とのことですが、これは一定の期間、昼夜絶えることなく観音経を読経(どきょう)することを指し、経典の名称ではありません。

読経は頼家の帰還まで続けられ、『吾妻鏡』の同年閏2月16日条には、無事に戻った頼家が祈祷の効験に感心して、上絹五十疋(ひき)を供僧らに与えたとあります。

この間の経緯は平穏のように見えますが、一つだけ気になる点があります。『吾妻鏡』の同年閏2月2日条によれば、彼岸の初日にあたる同日、北条政子が願を立て、頼朝の遺骨を葬った法華堂(頼朝の持仏堂)おいて法華懺法(ほけせんぼう)を始めているのです。法華経を読誦し、罪障を懺悔する儀式で、永福寺の供僧らが読誦を務めました。

法華懺法が結願(けちがん)したのは同月8日で、頼家はそれと同じ日、狩猟へと出立しているのです。

結願の日だから問題ないと見たか、目出度いと判断したか、それとも母の主催する仏事は自分に関係ないと割り切ったか、占いで吉日と出たのか。その日を選んだ理由は定かでありませんが、釈然としないことだけは確かです。

怪異の続出は頼家のよからぬ言動が原因？

頼家が藍沢原へ狩猟に出かける半年前の1199年8月、鎌倉中が騒然とする事件が起こりました。『吾妻鏡』によれば、頼家が安達景盛（盛長の子）の愛妾を横取りしたのがすべての始まりで、景盛が恨んでいると聞いた頼家が小笠原長経ら側近の者たちに兵を率いて景盛を誅殺するよう命じたところ、急を聞いた北条政子が安達邸に駆け付け、危ういところで流血に発展するのを防いだのでした。

政子と頼家の間に生じたわだかまりは容易に解消されることなく、1200年末には前とは性格を異にする新たな騒動が持ち上がります。『吾妻鏡』の同年12月28日条によれば、治承・養和以降の新恩の土地は五百町を上限とし、超えた分は没収して「無足の近仕の者（所領を持たない頼家の側近）」に与えると、頼家が側近で文官の源性に内々に命じ、前日になって大江広元に執行命令が下されました。広元以下の宿老が「人の愁え、世の誹りは何事がこれに勝るであろうか」と大いに慌て、三善康信らが言葉を尽くしてしきりに諫(いさ)めたため、頼家はしぶしぶ執行を取りやめ、決定も翌春に延期したというのです。

翌春は梶原景時の上洛未遂に続き、城氏残党による越後国と京都での同時蜂起が起きたため、所領の問題はうやむやにされますが、この一件は頼家と御家人との間に埋めがたい溝をつくる決定的作用をもたらしたようです。

頼朝という絶対的カリスマが認めた権利を否定しようとしたことに加え、血肉を代価として手に入れた一所懸命の地を、何の落ち度もないのに没収する行為は、とうてい容認できるものではありません。所領に関しては大江広元や三善康信ら京下りの文官たちも事情は同じで、再分配は沙汰闇(さたやみ)になったとはいえ、ひとたび生じた溝を修復するのは容易ではありませんでした。

このような事情を反映してか、1201年と次の年は政治的な大事件のない2年間でしたが、『吾妻鏡』は天変地異の数々と蹴鞠(けまり)にのめり込んでいく頼家の様子に相関関係があるかのごとく、事細かに記しています。

1201年は3月10日に地震と大火、8月11日と同23日には豪雨と強風に見舞われ、9月20日には月や星のようなものが天から降る怪奇現象まで起きます。

それを横目に頼家は、7月6日に御所で蹴鞠の稽古を本格化させました。後鳥羽院に蹴鞠の名手を派遣してほしいと頼んでおいたところ、ようやく勅許が下りたので、田舎者の不器用と蔑(さげす)まれないよう、自身と側近たちのレベルをそれなりに引き上げておこうと、猛練習を始めたのです。

9月7日に後鳥羽の選んだ紀行景（きのゆきかげ）が鎌倉に到着してからというもの、頼家の蹴鞠熱は高まるばかりでしたが、天変地異や怪異が続出する状況でトップの人間が遊びに熱中しては、イメージの低下は避けられませんでした。

9月22日には北条泰時（義時の嫡男）が頼家側近の中野能成に対し、頼朝が安倍資元からの報告を受けるや、予定していた百日間の浜遊びを取りやめた上、天下平穏の祈祷を始めた先例を示し、頼家への諫言（かんげん）を依頼した記事が見えますが、諫言を取り次いだ結果は思わしくなく、泰時は頼家の怒りが収まるまで、しばらく伊豆国へ引き籠もらざるをえなくなりました。

諫言の内容でなく、祖父時政と父の義時を差し置き、泰時が諫言したのが気に入らなかったとありますが、それはどうでしょう。頼家は母の北条政子から以下のように諫められても反抗的な態度を示しています。

翌年1月29日のことです。同月14日には源氏一門の長老・新田義重が亡くなっており、政子が、「まだ20日にも満たないのに興遊されるのでは、きっと人の謗（そし）りを招くでしょう」と注意したところ、頼家は、「蹴鞠については、世の人の謗りは問題ではありません」と言い返しているのです。その日の蹴鞠は取りやめていますが、内心不服であったことは否めませんでした。

蹴鞠熱の高まりは留まるところを知らず、1203年3月26日条には「およそこのところ、

八幡様の総本宮、宇佐八幡 ©pixta

数日おきに蹴鞠が行われている」と記される状況となります。

その間にも天変地異と怪異は繰り返され、1202年1月28日には大地震と太陽に二重の輪がかかる現象、同年12月24日には地震と降雪、三度の雷鳴が一日のうちに起こり、1203年1月2日には頼家の嫡男一幡が参拝のため鶴岡八幡宮寺を訪れたところ、巫女に八幡大菩薩が憑依して、次のように告げたと言います。

「今年中に関東で事件が起こるであろう。若君が家督を継いではならない。岸の上の木はその根がすでに枯れている。人はまだこれに気付かず、梢が緑になるのを待っている」

以上はあくまで『吾妻鏡』が記す内容なので、すべてがすべて史実とは限らず、因果関係に至ってはなおさらです。北条氏による政権簒奪を正当化するための歴史書ですから、相当割り引いて考えねばなりません。

ただ一つ確信できるのは、北条時政・政子が頼家を廃し、頼家の弟千幡の擁立を本気で考え始めたことです。仮に北条氏の目論見が失敗に終わり、頼家政権が盤石になっていれば、歴史書は天変地異や怪異を、北条氏に対する警告であるかのように書き立てたのではないでしょうか。

頼家、富士の浅間大菩薩を怒らせる

梶原景時が誅滅され、母の実家である北条一族が一番の脅威である状況下、頼家が頼みにできるのは妻・若狭局（わかさのつぼね）の実家である比企一族だけで、惣領の比企能員こそもっとも頼りがいのある人物でした。

もし頼家に不測の事態が生じれば、後継者となるのは弟の千幡ですが、まだ幼い千幡に親政ができるはずはなく、実権を握ると予想されるのは乳母の阿波局（北条政子の妹）とその夫である阿野全成でした。全成は頼朝の異母弟ですから、全成自身にも鎌倉殿になる資格がないとは言い切れず、千幡が子なくして早世すれば、全成の男児らにお鉢がまわることは間違いありませんでした。

慈円の『愚管抄』には、「景時滅亡は頼家の失敗」とありますが、頼家も遅ればせながらそれに気づいたのか、景時の討滅に阿波局が一枚絡んだのであれば、全成も加担していたのではと疑ったようです。疑念は確信と転じ、頼家は全成に牙をむけます。『吾妻鏡』によれば、謀反の疑いで全成が拘束されたのは１２０３年5月19日のことで、25日には常陸国へと配流が決まりますが、護送途中の6月23日、御家人の八田知家により下野国で誅殺されます。都にいた長男頼全（らいぜん）も7月25日に討ち取られました。

それより前の5月20日、頼家は比企時員を尼御台所（北条政子）の御所に遣わし、阿波局の引き渡しを求めますが、政子に突っぱねられたため、仕方なく手を引きました。さすがに政子に対して手荒なまねはできなかったのです。

しかし、『吾妻鏡』には謀反の証拠については何も記されていません。全成が頼家を呪詛したというのなら話はわかりやすいのですが、それすらないのは逆に不自然です。頼家を不徳不敬な人間に仕立て上げるため、編纂時に削除された可能性はありますが、この事件に関しては一次史料がすべて黙して語らないので、謀反の有無、証拠の有無もあわせ、真相は謎のままとするしかなさそうです。

この年の動乱はまだ始まったばかりです。次なる大事件の前に、『吾妻鏡』は頼家によくないことが起きる前兆として、2つの事件を記しています。

1件目は同年6月1日条です。狩猟のため伊豆国へ来ていた頼家は、伊東崎という山中で大きな洞穴を発見し、和田胤長に命じて奥を調べさせます。昼前に入った胤長は日暮れ時になってようやく戻り、次のように報告しました。

「この穴の奥行きは数十里もあり、暗くて日の光は一切差しません。一匹の大蛇がおり、自分を呑み込もうとしたので、剣を抜いて斬り殺しました」

2件目は同月3日と4日条で、狩場を駿河国富士山の裾野に移した頼家はまたしても大きな洞窟を見つけます。仁田忠常（にったただつね）ら主従6人を調査に入らせますが、その日は日が暮れても戻ってきませんでした。

翌日の昼前に戻って来たのは忠常1人だけでした。忠常の説明によれば、無数のコウモリが飛び交う先には逆巻く川が流れ、渡ることもできず困惑していたところ、向こう岸に霊魂らしきものが見えました。その瞬間、郎党のうち4人が倒れたので、忠常は霊魂の言うことに従い、頼家から与えられた剣を川に投げ入れ、そのおかげで生還を果たせたというのです。

同日条には右の記事に加え、土地の古老の話が載せられています。

「それは浅間（せんげん）大菩薩の御在所で、昔よりその場所を見ることはできませんでした。今度の一件はまことに恐るべきことです」

かなり眉唾（まゆつば）な話ですが、鎌倉時代の東国の人間であれば、多少は納得できたはずです。ここにある「浅間大菩薩」とは富士山を神格化した浅間大神のことで、高層建築のなかった当時、富士山を日常的に目にできる地域は非常に広く、それだけ篤く信仰されてもいたのです。浅間大神の聖域を犯したのだから神罰を受けて当然。『吾妻鏡』の編者は読者にそう思わせようとしたのでしょう。

鎌倉の鶴岡八幡宮寺では御渡り中の頼家に何事もなきよう、5月26日から祈祷が続けられていましたが、結果からすれば、八幡神への祈祷では浅間大神に歯が立たず、神罰を防ぐことができませんでした。『吾妻鏡』の同年6月30日、7月4日、7月9日には鶴岡八幡宮寺の境内で鳥の変死が相次いだことを記していますが、これらの怪異は頼家を守る結界が破られつつあったことを意味しています。

頼家が発病したのは7月20日のことで、『吾妻鏡』には病状に関する詳しい記述がないため、病名の見当さえつきません。

7月23日には危険な状態にあるとして、数種の祈祷が始められました。卜筮（ぼくぜい）により霊神の祟りと判明しますが、それが浅間大神であることは言うまでもありません。

8月になっても危険な状態は続き、27日には脈がさらに弱くなったので、おそらく北条政子の主導により、譲与の措置が行われました。関西三十八か国の地頭職を弟で10歳の千幡（せんまん）（のちの実朝）に譲り、関東二十八か国の地頭ならびに惣守護職を、長男で6歳の一幡（いちまん）に与えるとしたのです。

9月2日の出来事は、『吾妻鏡』の記述に混乱が見られ、合理性に欠けますが、結果だけを抜き出せば、北条時政が仏事に事寄せて比企能員を自分の屋敷に招き入れて謀殺。ついで政子の命令のもと、御家人たちの軍勢が一幡のいる小御所に攻め寄せ、比企一族を討ち滅ぼし、一幡も命を落とすことになりました。

9月5日、頼家の病が峠を越え、意識が回復したときにはすべてが終わった後でした。頼家は北条時政誅殺の密命を下そうとしますが、和田義盛が北条時政に与したことで上手くいかず、同月7日には政子に言われるまま出家して、9月29日には合議の決定に従い、伊豆国修善寺（しゅぜんじ）に下向します。それから翌年7月18日に刺客の手で斃（たお）れるまで軟禁生活を強いられるのですが、京都側の一次史料との間に齟齬（そご）の生じる部分が非常に多いことから、8月末から半月余りの事実関係は、『吾妻鏡』にある内容とは、大きくかけ離れていた可能性があります。

しかし、頼家を襲った災難の連鎖を神罰、神の祟（たた）りとする説明は、北条氏以外の御家人たちにも都合のよいものでした。誰もが抱いた罪の意識を覆い隠すのに最適だったからです。自分たちが主君を裏切ったのではなく、主君が神の祟りで自滅したとの論法は責任転嫁に利用できたからです。

仁田忠常（月岡芳年画）

ちなみに、仁田忠常は頼家から密命を受けながら、実行もしなければ北条時政に知らせもしなかったことで疑われ、9月6日に時政の意を受けた加藤景廉に誅殺されており、『吾妻鏡』はこれも浅間大神の神罰と言いたげです。

頼家が侍所別当の和田義盛と並び、仁田忠常に密名を下したのは、忠常が頼家の乳母の夫か傅であったためらしく、人の情からして、味方になって当然と信じたからです。それでも忠常が逡巡して決められなかったのは、大義と利害のどちらを選択すべきか、判断しかねたからでしょう。結果としてどっちつかずの態度に終始したことが、命取りになりました。

官人陰陽師の東下

去就に迷ったのは仁田忠常だけではありません。大江広元も同様でした。慈円の『愚管抄』によれば、頼家は8月30日に出家し、大江広元の屋敷で療養に努めていたところ、病状がしだいに好転したとあります。仮に『愚管抄』の記述が間違いで、頼家の療養場所が本来の御所だとしても広元が難しい立場にあったことに変わりはありません。頼家と比企一族の側につくべきか、北条時政・政子の側につくべきか、選択を誤れば命はなかったのです。

『吾妻鏡』の9月2日条によれば、北条時政の突然の訪問を受け、比企能員誅殺について相談された広元は、自分は兵法をわきまえていないので、誅殺の是非については、「賢慮有るべし（賢明な判断を下すべきです）」としか答えませんでした。

同日のうちに時政から呼び出しがかかりました。広元は家人の飯富宗長だけを供に出かけますが、このとき宗長に「もし不慮の事あれば、汝まず予を害すべし」という不穏な命令を下しています。『吾妻鏡』には複数の写本があるなか、ものによっては「予を」がなく、単に「汝まず害すべし」としており、これだと広元ではなく相手、すなわち北条時政を殺せという意味になるので、物騒なこと極まりありません。広元は時政と刺し違える覚悟で北条邸に出向いたのでしょうか。

北条邸で広元が何を聞かされ、どんな返事をしたか、『吾妻鏡』は黙して語りませんが、その後の成り行きからすれば、頼家と比企一族の側を完全に見放したことは確かです。同月21日に頼家の鎌倉からの追放を決めた評議にはしっかりと参加をしています。

時政には最初から、広元を害する気などなかったのかもしれませんが、仮にあったとしても、際立った行政実務能力と幅広い人脈を有する広元は替えのきかない存在でしたから、殺しはしなかったでしょう。

しかし、広元の不安が払拭されることはなく、広元が自分の存在価値を積極的にアピールする必要を感じたとしてもおかしくはありません。そこで注目すべきは、『吾妻鏡』の1207年6月29日条にある次の記事です。

> 陰陽師の左京亮（さきょうのすけ）安倍維範（あべこれのり）が京都から鎌倉に到着した。祈祷のことを命じるため、特に関東へ呼び寄せたのである。

安倍維範とは先に鎌倉の依頼で勘文を送り、頼家の当年祭も行うなど、すでに鎌倉と縁のあった安倍資元の長男です。今回も下向の依頼を受けたのは資元でしたが、自分は都を離れたくなく、代わりに維範を遣わしたようです。

何のためのどのような祈祷なのか、『吾妻鏡』には明記されていませんが、同書の6月16日条に、「涼気が例年とは異なり、あたかも3・4月のようであった。人びとの多くが病気になった」と、冷夏について記しているので、祈祷の目的は気候の正常化にあったと思われます。それまでなら、鶴岡八幡宮寺の供僧たちに任せるところですが、広元はそろそろプロの陰陽師を鎌倉でデビューさせる頃合いと判断したのでしょう。

比企氏討滅からかなり間が空いてしまいましたが、それは実朝の征夷大将軍拝命から代始めの諸行事、御台所選び、御台所の下向、伊勢・伊賀両国での平氏残党の蜂起（三日平氏の乱）、畠山重忠の乱、牧氏の変（牧方（まきのかた）事件）と大事件が続き、あまりにも慌ただしかったからです。

もう少し詳しく見ていきましょう。実朝の妻、三代将軍の御台所として京から迎えられたのは、前大納言坊門信清（ぼうもんのぶきよ）の娘で、実朝より一つ年下でした。信清の姉殖子（しょくし）（七条院（しちじょういん））は高倉天皇の側室にして後鳥羽の生母、また信清の上の娘は後鳥羽寵愛の女房になっていましたから、実朝と後鳥羽院は従兄弟かつ義理の兄弟の関係となったのです。

また彼女の東下には大勢のお供が付き従いましたので、これを機に鎌倉でも、京風の文化が流行を始めます。

次に畠山重忠は武蔵国を代表する御家人で、同国の在庁官人を統括する惣検校職にもあり、忠義の鑑のごとく目されていましたが、北条時政の謀略により滅ぼされました。その理由は時政の後妻、牧の方の指嗾にあったと言われています。娘婿の平賀朝雅が武蔵守になったものの、畠山重忠の影響力が強すぎて、何もできずにいました。そこで重忠に謀反の罪を着せ、討ち滅したというのです。

強引に進められた討伐だけに、畠山重忠が冤罪であることはすぐに判明します。

愛馬・三日月を背負う「畠山重忠」の像（畠山重忠公史跡公園／埼玉県深谷市・著者撮影）

時を同じくして、北条時政には実朝を殺害し、平賀朝雅を次期将軍に擁立するとの噂が広まりますが、これはどうやら北条政子と義時が暴走する時政を見限り、二人して仕組んだ謀略だったようです。

時政には強権的な姿勢を強め、訴訟においても地頭の訴えを認めず、地頭職の停廃を連発させたことで、御家人たちから強い反発を招いていました。

政子らは、このままで北条氏全体が巻き添えになると恐れ、行動に踏み切ったのです。

時政としても、いち早く実朝の身柄を確保され、御家人たちが実朝のもとに集まるのを見ては観念するしかなく、身の潔白を示す証として頭を丸め、牧の方とともに伊豆国北条に引き籠もるのでした。

平賀朝雅の父義信は源氏一門筆頭に数えられ、頼朝からの信頼も厚かった人です。その次男である朝雅も三日平氏の乱の平定で武功を挙げ、将軍の任に堪えうる存在であることを広くアピールしました。それに牧氏が都に然(しか)るべき人脈を持つ一族であったことが重なり、火のない所に煙どころか、真実味のある話として拡散されたのでしょう。

ちなみに、安倍維範は資元の子ですから、宗明流の陰陽師です。大きく三流からなる安倍晴明の子孫のなかで、泰流が嫡流、晴道党がそれにつぎ、宗明流は三番手という扱いでしたが、この序列はあくまで安倍氏内部の家格にすぎず、陰陽師としての評価とは無関係です。宗明流が都で仕事にあぶれていたわけではなく、資元が維範を鎌倉へ下向させた理由は、一種の保険であったと思われます。

今後、鎌倉幕府が朝廷と拮抗する存在と化せば、鎌倉での陰陽師の需要が増えるに違いなく、都と鎌倉の両方に根を張れば、どちらかが没落しても、家系の存続が図れる。もしかすると承(じょう)久(きゅう)の乱のような大事件も念頭に入れていたのかもしれません。

怨霊となった梶原景時、一族を鎮める

鎌倉は頼朝の死からわずか10年にして、梶原景時を皮切りに阿野全成、比企能員、源頼家、畠山重忠らの抹殺、北条時政の強制退場という激変を経験しました。殺された源氏一門・御家人の誰が怨霊と化してもおかしくない状況ですが、このなかで特別な慰霊・鎮魂の対象となったのは、意外にも梶原景時とその一族でした。

恨みの強さは数値化できるものではなく、明白に甲乙つけるのは不可能ですが、頼家の場合で言えば、鎌倉殿としての権限を奪われた恨み、妻子と最大の後援者である比企一族を殺された恨み、伊豆国修善寺へ追放された恨み、殺された恨みが重なったはずです。慈円の『愚管抄』によれば、腕力に優れた頼家の殺害は容易でなく、刺客たちは総がかりで頼家を抑え込み、一人が睾丸(こうがん)を強く握り、一人が紐で首を絞めることによって、ようやく息の根を止めることができたそうです。

公式には自然死と発表されたらしく、『吾妻鏡』にも死亡した事実しか記されていませんが、頼朝の死後に四十九日や百箇日などの仏事が盛大に行われたのとは対照的に、『吾妻鏡』を見る限り、鎌倉で頼家のために仏事が行われた形跡はありません。存在しなかったかのごとく扱われたのです。

伊戸国の修善寺、指月殿（北条政子が頼家の供養のため建立・著者撮影）

沼島にある伝・梶原景時の墓（五輪塔・著者撮影）

怨霊対策を何もしていないのは不自然ですが、実は幕府としてはそうでも、北条政子個人は動いていました。記録がないため、何年何月の創建かは不明ですが、北条政子は頼家の冥福を祈るため、修善寺に指月殿（しげつでん）という経堂を寄進しています。このとき宋版一切経と釈迦三尊繍仏（しゅうぶつ）もあわせて寄進されました。「宋版」とは中国・宋で印刷製作されたこと、「繍仏」は刺繍で表現された仏像であることを意味します。

実の母親からここまで懇（ねんご）ろに弔われれば、怨霊と化すなどありえないと考えられたか。北条義時などはそう信じ込もうとしたのかもしれません。

他の人物の慰霊・鎮魂に関しては、『吾妻鏡』の１２０９年5月20日条に以下の記述があります。

> 法華堂で故梶原平三景時とその一族の死者らのために、仏事が行われた。導師は真智房法橋隆宣（りゅうせん）であった。北条義時が参列した。

これは日頃、御所中に怪異などがあり、また夢のお告げがあったので、ひとまず善行を積んで、その怨霊を鎮めるために急ぎこの仏事を行ったという。

粛清された御家人が何人もいるなか、梶原平三景時とその一族の仏事だけ行われたのです。それも頼朝の持仏堂で。

比企能員でも畠山重忠でもなく、梶原景時である理由は「夢のお告げ」。そう言われては、「なぜ梶原を、なぜ梶原だけ」と追究することもできません。

けれども、「御所中に怪異」の具体例について、『吾妻鏡』に何の記述もないのは不自然です。頼家時代の怪異について事細かに記したのとは正反対です。

同年に起きた怪異としては、「武蔵国太田庄鷲宮の宝殿が鳴動(めいどう)した」という2月10日条にある報告一件しか記載がなく、これも御所内の出来事ではないので、疑問は深まるばかりです。

実朝のために京都で始められた泰山府君祭

実朝は頼家時代には中断されていた鶴岡八幡宮寺への元日の奉幣を復活させます。鎌倉武士の棟梁に相応しいかどうかの見極めはまだできませんが、少なくとも頼家時代のような摩擦はまだ見られず、鎌倉にもしばしの小康状態が訪れます。

まだ跡継ぎのいない実朝に死なれては困るので、幕府はあらゆる手段を尽くして、実朝の身を護ろうとします。泰山府君祭の実施もその一つでした。

泰山府君祭は鎌倉時代を通じてもっとも頻繁に行われた陰陽道祭祀で、第1章でも触れたように、泰山府君は冥府の統治者です。

泰山府君の手元には「金篋玉策（きんきょうぎょくさく）」がありました。文字通りに訳せば「金箔の施された箱のなかに納められた玉製の短冊」で、「禄命簿（ろくめいぼ）」とも呼ばれます。「禄」とはその人物が最終的に到達する官職や地位、俸禄、「命」はその人物の寿命を指し、「禄」と「命」の記された帳簿を管理する泰山府君は、その内容を書き換えることが可能と考えられていました。出世と寿命を自由に操作しえたというのです。

泰山府君祭は安倍氏がもっとも得意とする祭祀で、『吾妻鏡』の１２１０年6月27日条によれば、京都の安倍資元から、依頼に従い、実朝のための泰山府君祭を作法通り、同月14日に行ったとの知らせがもたらされています。

子息の維範を下向させることなく、京都で行ったのは、泰山府君祭に必要な人員や備品が鎌倉ではまだ調達できなかったからでしょうか。

鎌倉で初めて泰山府君祭が実施されるのは翌年11月3日のことで、『吾妻鏡』の同日条には、

「亥の刻に天変のため、御所で泰山府君・歳星などの祭が行われた。加藤光員がこれを差配し、清原清定が奉行した」とあります。

ここで言う「天変」とは、前々日の記事にある、「太白星が房上将星を犯した。相互の距離は六寸ばかりだった」を指すと見てよいでしょう。金星が房宿上星（さそり座ベータ星）に異常接近したというのです。

加藤判官光員は頼朝挙兵以来の御家人ですので、ここでの「差配」は名誉職のようなお飾りにすぎず、すべては図書允清原清定の手で行われたと考えられます。

清原清定は京下りの文官で、本来の姓は藤原。清原信定の養子になっていますが、この信定が明経道を継承する清原氏の一員であれば、賀茂・安倍の両博士家には遠く及ばず、中原氏や大中臣氏よりさらに一段下とはいえ、仮にも陰陽寮に学生を送り出す家系ですから、清定に陰陽道の心得があったとしてもおかしくありません。

清原清定の『吾妻鏡』での初出は1194年閏8月8日で、同月2日から源頼朝の持仏堂（のちの法華堂）で行われていた木曾義高（木曾義仲の嫡男で大姫の許嫁）の追善供養で奉行を務めており、すでに図書允の肩書を冠せられています。

図書允とは中務省管下の図書寮の三等官で、図書寮は経典や仏像の保管、国史の選集、典籍の書写・表装、紙・筆・墨の支給などを職掌とする役所ですから、清定が都で図書允の地位に

木曾義高の墓。大船の浄楽寺

あったとすれば、通常の事務処理に加え、神社仏寺の祭祀に携わる機会も多かったはずです。

頼朝にもその経験が買われたのか、1194年12月2日には大庭景能（かげよし）・安達盛長・中原季時（すえとき）に加え、鶴岡八幡宮寺の奉行に列せられています。

その後も頼朝から様々な分野で奉行を任されていることから、調整能力や適応力に優れ、どんな状況や場面でもしっかりと成果を挙げられる、かなり器用な人物であったことがわかります。

そのような人物であれば、プロではなくとも、陰陽道の祭祀をそつなくやり遂げることは可能であったかもしれません。

大姫の墓と伝わる姫塚。大船の常楽寺（著者撮影）

ところで、11月3日条には泰山府君祭と並んで、歳星祭の名が見えます。歳星とは木星のことで、『史記』の「天官書」には、「義が行われないと、その報いは歳星に兆候が現れる」とあります。

『漢書』の「天文志」でも一説として、「歳星が当然おるはずであるのにおらないとき、その行く所では国が栄え、すでにそこにおるのにまた東西に去るとき、国は凶で、事を挙げ、兵を用いてはならない」とし、また、「歳星が安静で、その度に当たっておれば、吉である。その出入りがその次序に当たっていなければ、必ず天の災いが歳星の宿りに現れる」ともあります。

要は鎌倉殿に災いが起こらぬよう、木星が安定した運行をするよう祈願するのが歳星祭で、色の変化にもそれぞれ意味があるとされていたため、歳星祭には木星の明るい状態が維持されるようにとの祈りも込められていました。

頼朝ならどんな事態にも対処できたでしょうが、実朝に頼朝と同等の力を求めるのは無理な話で、誰もがそれを理解していました。

だからこそ、実朝が天の庇護下(ひごか)にあることを誇示するパフォーマンスが求められたのです。天への畏怖が半分、政治的な意図が半分といったところでしょう。

京都と鎌倉を騒がせた天文の異常

二代将軍の頼家は比企能員の妻が乳母の筆頭格であったことから、能員の屋敷で育てられました。三代将軍の実朝は乳母が阿波局となった関係から、北条政子の御所で育てられていますので、政子から多大な影響を受けたはずです。

頼家の追放が決まり、実朝の擁立が決まった後、北条時政の屋敷へ移されますが、同行した阿波局が牧の方の野心に不安を抱き、政子に意見したことから、すぐさま政子の御所へ戻されました。

武芸の指導に関しては他の者に委ねるとして、政子は実朝を京都の上級貴族から見下されないレベルの文化人に育てようと、都から人材を招聘します。選ばれたのは後鳥羽院の側近にして、すでに鎌倉との連絡係も務めていた文章博士の源仲章です。源姓ですが清和源氏ではなく、宇多源氏の人でした。

源仲章が鎌倉に下向したのはおそらく１２０３年の冬。『吾妻鏡』の１２０４年1月12日条では藤原定家の『明月記』から記事を引き、「この儒者は優れた文章書きではないので、才知の誉れはないが、好んで書籍を集め、詳しく百家九流に通じる」と紹介しています。

貴族の基準に照らして文才と才知は平凡ながら、大変な蔵書家で、多様な思想や学問に精通しているということです。歩く百科事典のような人だったのでしょう。

実朝の侍読（将軍専属の教授）となった仲章は同日の読書始にあたり、『孝経』を取り上げますが、読書始とは新年の学問開始に際して行われる儀式で、『孝経』は儒学の基本経典の一つです。「孝」とは子がよく親に仕えることを言います。

実朝に守成の大器となることを期待した政子は、『貞観政要』の講義が必要と考え、そのために儒者の菅原為長（ためなが）を招きます。仲章の師である菅原長守（ながもり）の子ですから、あるいは仲章が紹介したのかもしれません。

『貞観政要』は中国・唐の太宗（たいそう）が群臣と交わした政治上の問答を集録した書で、帝王学の教科書として東アジア一円で広く愛読されていました。

武芸も一通り教わった実朝ですが、どれもあまり馴染めず、それよりも京都の貴族文化に惹かれてゆきます。頼家と同じく蹴鞠も好みましたが、それ以上にのめりこんだのが和歌でした。

梶原景時との関係が噂された後鳥羽院も、実朝が坊門信清の娘を妻に迎えてからは完全な協調路線に転じ、鎌倉と京都を往来する人も増加します。

天文の異変に関する情報も共有するようになるのですが、そのことを象徴するのが『吾妻鏡』の以下の記事です。

> 1210年9月30日条
> 戌の刻に西方天市垣（てんしえん）第三星の側に怪しい星が見えた。
> 光は東方を指して三尺余りで、芒気（ぼうき）（ガス状の雲の尾）はことさら勢いがある。長さは一丈ほどである。
> この星は、天文道の見立て通りならば、彗星（すいせい）であると申す者がいたという。

同年10月12日条
京都からの飛脚が鎌倉に到着した。
去る三十日の異星は彗星であると、主計頭の安倍資元朝臣が勘文を進めた。
この異変により、朝廷では内典・外典の祈祷などを行った上、改元もするという。

同年10月16日条
晩になって、御所で変異を払うための祈禱が行われた。
大夫の安倍泰貞が属星祭を執り行った。
図書允の清原清定が奉行を務めた。

ここにある「天市垣」とは天球上を3区画に分けたときの一画で、「内典」は仏教、「外典」は仏教以外の典籍を言います。属星祭は密教の本命星供にあたり、頼家と実朝では生年月日が異なるのですから当然、祀る星も異なります。

明記はされていませんが、10月16日に鎌倉で変異を払う祈祷として属星祭が行われたのは、安倍資元の勘文を受けてのことと見てよいでしょう。彗星は災いのしるしとされていたから、彗星が現れたとき、為政者は何かしら祭祀を行い、人びとの不安を払う必要があったのです。

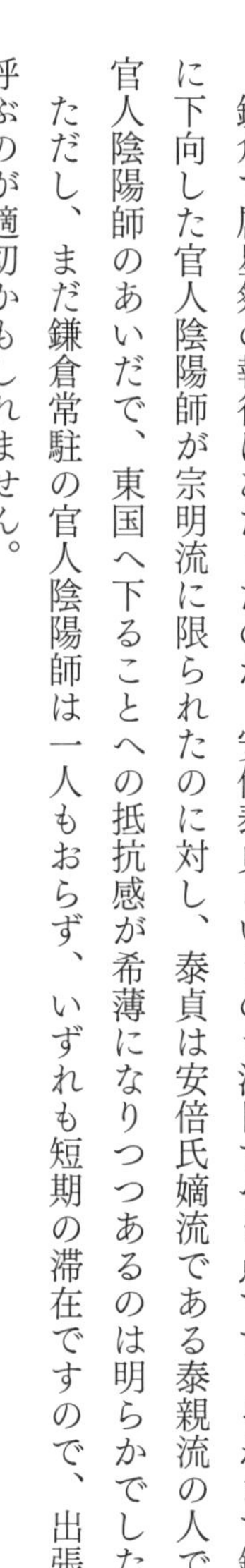

鎌倉で属星祭の執行にあたったのが、安倍泰貞（やすさだ）というのも注目すべき点です。それまで鎌倉に下向した官人陰陽師が宗明流に限られたのに対し、泰貞は安倍氏嫡流である泰親流の人です。官人陰陽師のあいだで、東国へ下ることへの抵抗感が希薄になりつつあるのは明らかでした。ただし、まだ鎌倉常駐の官人陰陽師は一人もおらず、いずれも短期の滞在ですので、出張と呼ぶのが適切かもしれません。

時代に逆行!?　急増する陰陽道の祭祀

東国武士が源頼朝のもとに参集し、鎌倉幕府の形成に至った背後には、過重な負担への怒りや権利の保証など社会・経済的な要因がありました。朝廷から多大な譲歩を引き出したことで、東国武士の置かれた状況は大幅に改善されたわけですが、頼家時代を経て、実朝時代が進むに伴い、どういうわけか、陰陽道祭祀がみるみる増えていきます。従来の仏教儀礼に取って代わったのではなく、祭祀全体の数が急増したのです。

たとえば、『吾妻鏡』の1211年2月4日条には、実朝と御台所のために、安倍泰貞が熒（けい）惑（わく）星祭を行ったとする記事が見えます。

ここにある「熒惑星」とは火星のことです。『史記』の「天官書」には、「礼儀が行われないと、その兆候は熒惑に現れる」とし、火星が疫病や人の死、飢饉、兵乱を司ると説明します、同日に熒惑星祭が行われたのは、同年1月27日未明に起きた地震と、「日に光がなく、その色は赤黄色」という日の出時分に起きた異常現象を受けてのものと思われます。「災星」の異名を持つ火星に祈りを捧げることで、将軍夫妻に災いが降りかからないよう祈ったのでしょう。

特定の陰陽師の名は挙げられていませんが、『吾妻鏡』の同年5月4日条には、新たな御所の屋根に菖蒲を葺くべきかどうか陰陽道の者などに尋ねたところ、「移徙の後なら葺かれるのがよいでしょう。移徙の以前は憚りがあります」との回答を得たとの記事が見えます。

菖蒲は水場に生えるサトイモ科の多年草で、根茎部分が広く薬材として使用されてきたのに対し、独特の芳香があるため、それより上の部位には邪気を払う効果があると考えられました。男子の成長と健康を願う端午の節句には欠かせないもので、魔除けや厄除けとして屋根に葺くのも、利用法の一つだったのです。

菖蒲は、武芸の上達を願う「尚武」、戦いに勝つ「勝負」に通じることから、鎌倉殿の御所に相応しく思われますが、わざわざ陰陽師に下問したのは、頼朝と頼家の御所に葺いた先例がなかったからではないでしょうか。

同年6月2日には実朝が急病で臥せったため、安倍泰貞に属星祭を行わせたところ、翌日には全快したこと、それが属星祭の効験であると実朝に夢のお告げが下ったことなどが、やはり

『吾妻鏡』に記されています。

にわかに増え始めた陰陽道祭祀の記録。これは鎌倉幕府が陰陽道の受け入れに積極的になったことの表れに他なりません。

実朝が従三位に叙されて公卿への仲間入りを果たし、頼朝と同じく将軍家政所下文の名で命令書を発するようになったのは1209年、18歳のときです。それからほどなく、陰陽道の本格的受入期が始まるのは偶然とは思えず、何かしら因果関係があると見るのが妥当でしょう。

菖蒲 ©pixta

実朝は藤原定家に歌の添削を願い、日本の臨済宗の祖にして日本に茶文化をもたらした栄西に帰依し、短い間ではありましたが『方丈記』で知られる鴨長明と親しく語り合うなど、貴族的な教養に強く惹かれ、武家の生まれとしては柔弱なイメージが付きまとっていますが、『吾妻鏡』を仔細に読めば、したたかな面や筋をしっかりと通す面も見られるなど、実像の捉えにくい人物です。

ここに名の出た栄西は中国・宋に渡ること二度にわたり、北条政子と源実朝の帰依のもと、鎌倉に寿福寺、京都に建仁寺を創建し、重源の跡を受けて、東大寺大仏の再建にも尽力した高僧です。

栄西

当時、日本と宋の間に国交はありませんでした。宋からは何度か国書が送られてきましたが、日本側が無視を続けていたからです。

かつて遣隋使や遣唐使を派遣したときのような必要に迫られているのでなければ、異国と交際する必要性を感じなかったのかもしれません。あるいは日本の京都を世界の中心と位置付ける独自の中華思想や日本を神国とする意識が芽生え、宋や朝鮮半島の高麗を夷狄（野蛮な異民族）と見なした可能性も大ですが、往来がないのはあくまで公式の使節で、宋の民間商船は頻繁に東シナ海を往来していました。栄西もその船を利用したのです。

船の往来があれば、日本に永住するか長期滞在した宋人も相当数いたわけで、純粋な商人は博多に集住していたようですが、鋳物師や石工などの技術者は都の近くに招かれることもありました。東大寺の再建には多くの宋人技術者が加わっており、そのとき利用された砂岩の多くは泉州（現在の福建省泉州市）産で、東大寺の南大門に現存する石造獅子像は宋人の手になるものと見られています。まだ当時の日本では巨大な鋳物を造る技術が失われていたため、大仏鋳造で中心的役割を果たしたのも陳和卿という宋人でした。のちに実朝を唆し、巨大な唐船を造らせた人物です。

なお、鎌倉仏教あるいは鎌倉新仏教というくくりをするとき、浄土宗や浄土真宗、時宗、日蓮宗などとともに、臨済宗も並べられますが、ここで見落としてならないのは、鎌倉仏教が既存の仏教に取って代わり、主流になったわけではないということです。

日本の仏教は平安時代末期から大きく変わろうとしていました。皇族や貴族などの支配層だけを相手にするのではなく、一般庶民をも包み込む大衆化路線を模索し始めていたのです。しかし、変質の進捗速度は非常に緩く、それに飽き足らない法然や親鸞、一遍、日蓮などが、急進的な改革に乗り出しました。かくして生まれたのが鎌倉仏教の諸宗派で、これらが仏教の主流を占めるまでには時間を要し、明確になるのは鉄砲やキリスト教がもたらされた戦国時代中盤のことです。

東大寺・南大門 ©pixta

話を実朝に戻しましょう。実情が捉えにくいのは成人後の実朝の権限と北条義時、大江広元らとの職掌の区分も同じで、大雑把に頼朝以下、頼家以上としておくのがよいかもしれません。

御家人たちの最大の関心は頼朝時代に獲得した既得権益を守ることにありました。権利の保証の源泉は最終的には天皇・院ですが、御家人たちの代表として朝廷と交渉するのは鎌倉殿でしたので、実朝がその役目を上手く果たしている限りにおいて、全力で支えることは当然と考えられました。

カリスマ性に欠けるなら、人為的に神秘的な色彩を施せばよい。そんな試みのなされた痕跡が『吾妻鏡』には数か所見られます。まずは１２１０年11月24日条です。

駿河国建穂寺（たきょうじ）の馬鳴（めみょう）大明神から子供に託宣が下りたとの知らせがありました。「酉の年に合戦がある」という不穏な内容だったので、大江広元が占いをすべきかどうか注進したところ、実朝は、「自分も21日の明け方に夢のお告げを受けているから、改めて占う必要はない」と応えたというのです。ここに出た「酉の年に合戦」とは、１２１３年に起こる和田合戦を指します。

次に１２１３年４月７日条です。御所内で行われた宴の席で、実朝は二人の武士を面前に呼び寄せました。盃に酒を注いでやりながら、実朝は奇妙なことを言い出します。

「二人とも落命は間近であろう。一人は敵となろう。もう一人は御所方につく者となる」

果たして、和田合戦の最中、一人は和田義盛側、一人は北条義時側について討死を遂げたのです。合戦の後で創作された話かもしれませんが、創作するからには何らかの意図があったはずで、ここは素直に実朝の神秘化と見てよいでしょう。

１２１４年６月５日条も同様です。実朝の祈祷によって恵みの雨が降ったとする内容で、実朝には予知能力に加え、降雨術も備わっていたと言いたいわけで、これはもうキリスト教で言う『旧約聖書』の預言者エリヤに近い能力者です。

北条義時（イメージ）© アフロ

しかし、公式の記録に残すだけでは、同時代の人びとを誘導することはできません。そこで着目されたのが陰陽道だったのではないでしょうか。

密教の呪法には陰陽道の祭祀と共通する部分が多く見られますが、密教では院政との結びつきが強すぎ、新鮮味もありません。新興の鎌倉幕府には東国ではまだ珍しい陰陽道こそ相応しい。大江広元が頻り（しき）に推奨した甲斐あって、北条義時もその有効性に気づき、積極導入に傾いたものと考えます。

ただし、そこで働いたのは政治的な打算だけでなく、半分は自然界への畏怖であったはずです。北条義時が天変地異に心底恐れを抱いていたことは、のちの承久の乱において明らかとなります。

武勇の士、鎌倉の立役者　和田義盛に不穏な動き

承久の乱以前では最後となる鎌倉の内戦は1213年5月2日に始まり、翌日には終わります。敗れたのは侍所別当の和田義盛ですが、正直なところ、これが不可避の戦いであったかど

うかは判断しかねます。

その時点において、北条氏に対抗しうる勢力を持つ御家人は和田義盛と三浦義村、千葉成胤（なりたね）の3人しか残されていませんでした。義盛が同輩意識を抱いていた北条時政は義盛より9歳年上であったのに対し、北条義時は16歳下です。なおかつ義時は時政の庶子で、石橋山の戦いで兄宗時が討死した後も嫡男に格上げされることなく、ずっと江間（えま）姓を称しており、義時が北条氏の家督を正式に継いだのは、父時政を失脚・追放に追い込んだときと考えられます。

このような経緯から、義盛はひと世代下である北条義時の昇進を快く思っていなかった節があり、自身の上総介への任官が拒まれ続けるに及び、生理的な反感が強い敵意に変わったとしてもおかしくありませんでした。義時が相模守、時房（ときふさ）（義時の異母弟）が武蔵守に任じられたのを見て、上総介を望んだわけですが、北条政子から源氏一門と将軍外戚以外の国守任官を不可とする源頼朝以来の慣例を掲げられては、実朝としてはどうしようもなく、朝廷に取り次ぐわけにもいかなかったのです。これにより義盛の敵意は義時個人に留まらず、北条一族全体に向けられるところとなりました。ちなみに、上総・常陸・上野の3か国は親王任国（しんのうにんごく）と言って、親王が名目上の

和田義盛

国守に任じられたため、介の職が事実上のトップでした。

義盛も決して軽率な人間ではありませんでしたが、北条義時からあからさまな挑発を繰り返されては、自重にも限界がありました。当人は我慢できても、下からの突き上げを抑え切れなくなったのです。

和田義盛の一挙手一投足に注目が集まっていたことは、『吾妻鏡』の1213年4月24日条にある以下の一文からもうかがうことができます。

> 和田左衛門尉義盛が長年帰依していた僧を追放した。
> 人びとが訝しんでいたところ、外向きには追い出したということにして、その実は祈祷のために伊勢太神宮へ参らせた、と再三流言があった。

この僧侶は伊勢国の者で、尊道房と号していました。流言内容の真偽は明らかでありませんが、和田義盛と伊勢には婚姻関係でつながりがありました。義盛の妻が伊勢太神宮（伊勢神宮の外宮）の禰宜・度会高康の娘だったのです。

また武蔵七党の一つ、横山党の横山時広は度会高康の娘の兄で、時広の父は横山時重ですから、二人は同母の兄妹。母親が横山時重と別れた後、度会高康に再嫁したと考えられます。

党とは中小武士団のことで、武蔵国では義経縁者として河越重頼が、ついで比企能員と畠山重忠が謀反の罪で滅ぼされてからというもの大武士団が存在せず、武蔵七党が最大の勢力と化していました。

常陸国に多くの所領を持つ和田義盛は婚姻関係を通じて武蔵国にも勢力を扶植するとともに、伊勢にも伝手を築いていたのでした。武力一辺倒に思われがちですが、なかなかしたたかな人物です。

御家人が将軍を通すことなく、伊勢太神宮に直接祈祷を依頼するのは禁止されていましたが、個人的な伝手があり、極秘にやってもらう余地は残されていたから、右の流言は決して根も葉もないことではなく、十分ありえる話でした。

同じく『吾妻鏡』の4月27日条には、宮内公氏という実朝の使者が義盛邸を訪れたときのエピソードが記されています。奥から出てきた義盛が造合（建物と建物の隙間）を飛び越えた際、頭の上の烏帽子がポロリと公氏の前に落ち、あたかも人の首が刎ねられるように見えたことから、公氏はもし義盛が叛逆の意思を明らかにすれば、誅戮される前触れと思ったというのです。後知恵感の強い話ですが、義盛の心にまだ迷いがあったのであれば、普段と同じ動作をしながら、うっかり烏帽子を落としたのもわかる気がします。

不安で仕方なかったのは将軍実朝も同じで、『吾妻鏡』の4月27日条には、鶴岡八幡宮寺の供僧たちに大般若経の転読を命じるとともに、勝長寿院別当の定豪(じょうごう)に大威徳法、忠快(ちゅうかい)に不動法、浄篇(じょうべん)に金剛童子法、安倍親職(ちかとも)に天地災変法、安倍泰貞に天曹地府祭、安倍宣賢(のぶかた)に属星祭を行うよう命じたとあります。

大威徳法と不動法、金剛童子法はそれぞれ祈る対象が違うだけで、目的はすべて同じです。属星祭は延命や病気平癒の祈願、天地災変法は天曹地府祭と同じく天変地異の除去を目的としたものです。密教と陰陽道が総動員されたわけで、実朝の不安が尋常な域になかったことをうかがわせます。

右に名の出た安倍宣賢は資元の子で、維範の弟です。また安倍親職は晴道党の官人陰陽師で、『吾妻鏡』ではこれより前の１２１１年12月28日条に、安倍泰貞とともに天曹地府祭を行ったことが見えており、鎌倉においても陰陽師博士家の安倍氏三流が出そろうかたちとなりました。

官人陰陽師の相次ぐ東下が何を意味するのか。需要があるからは当然のこととして、往復の道中も考慮に入れれば、破格の報酬や将来性に動かされたと見るのが妥当でしょう。

慈円の『愚管抄』にも時代の推移を覚ったかのような以下の文章が見られます。

「眼に見える世界では、武士の世であるべきと、皇祖の神も定めておいでになる」

「今の世のあり方は道理にかなった必然のこと」

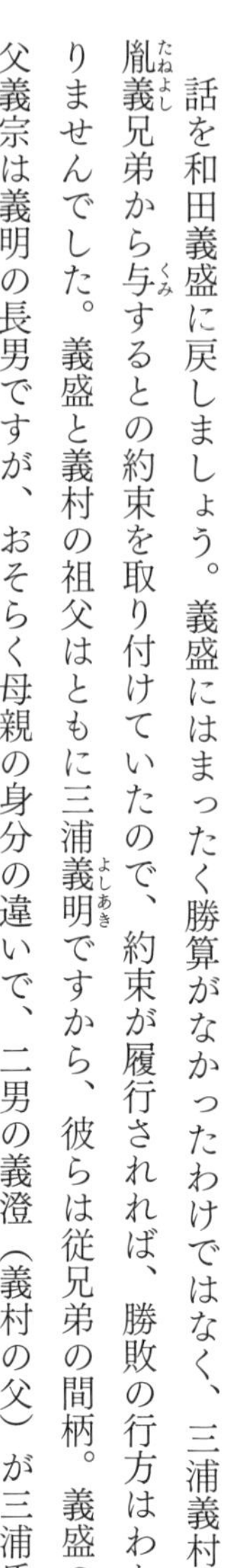

話を和田義盛に戻しましょう。義盛にはまったく勝算がなかったわけではなく、三浦義村・胤義兄弟から与するとの約束を取り付けていたので、約束が履行されれば、勝敗の行方はわかりませんでした。義盛と義村の祖父はともに三浦義明ですから、彼らは従兄弟の間柄。義盛の父義宗は義明の長男ですが、おそらく母親の身分の違いで、二男の義澄（義村の父）が三浦氏の家督を継ぐことになったのでしょう。

有力な同族が加勢を約束してくれたことで、義盛も勝利の可能性に手応えを感じていたかもしれません。

ところが、三浦義村があっさり寝返ったため、開戦翌日には勝敗が決し、和田一族は誅滅されたのでした。

遵守された方違と移徙に関わる儀礼

和田一族とその与党の殲滅により、鎌倉は平穏を取り戻すかと思われましたが、その後も変事が続出したことから、人心の不安は消え去りませんでした。

5月17日と21日、7月7日には地震に見舞われますが、特に5月21日の揺れはひどく、山崩れや地割れ、建物倒壊の被害が多く出ました。陰陽師からは25日以内に兵乱が起こるとの勘申がなされましたが、幸いにして予測は外れます。

5月下旬からの日照りは6月になっても続いたため、6月3日には地震への祈祷とあわせ、隆宣には不動護摩、豪信（ごうしん）には金剛童子法、安倍泰貞には天地災変祭を行うよう命令が下されます。

6月12日の未明には、甲冑で身を固めた御家人たちが御所に参集する騒ぎがありましたが、何があったわけでもありません。『吾妻鏡』の同日条にも「これはただ事ではない」とあるように、誰もが神経過敏で、デマや誤報に容易に踊らされる状態になっていたことがうかがえます。

和田塚（和田義盛と和田一族の墓）神奈川県鎌倉市由比ガ浜（著者撮影）

そんななか、『吾妻鏡』の6月29日条に見られる怪異に関する記事は特異なものといえます。

戌の刻に光る物体が現れた。
しばらく北方の空を照らし、南の方角に行き、地に落ちた。
空は芒（ひかり）のように一帯を照らした。
人びとはこれを見て、ある者は人の魂と言い、ある者は流れ星と言った。

まるでUFOの目撃証言のようですが、人びとに怯えた様子は感じられず、ただ物珍しい現象と受け取られたようです。

こうした間にも和田合戦で焼失した御所の再建が進められ、8月20日には実朝の移徙が行われますが、当日とその前後は陰陽道にすっかり彩られていました。

移徙に先立つことかなり早く、8月1日には方違（かたたがえ）が行われます。方違とは陰陽道の作法の一つで、忌むべき方角を避けるためにいったん別の方角に移ることを言います。その方角は季節によって変わるので、その都度、陰陽師に見立ててもらう必要がありました。

実朝は北条政子の屋敷と大江広元の屋敷にそれぞれ何日か滞在しますが、『吾妻鏡』によれば、8月18日の子の刻に怪異が起こります。実朝が庭に出て、月明りや虫の音に包まれ、物思いに耽（ふけ）りながら歌を独吟していたところ、若い女が目の前を走り去ったのです。何者か誰何（すいか）されても名乗ることはなく、とうとう門外に出たとき、急に光る物が現れたかと思うと、女の姿は消えていました。

すぐさま宿直（とのい）の者を遣わして安倍親職を呼び出したところ、親職はよほど慌てていたのか、衣の前がはだけた姿で参上しました。事の次第を聞くと、危険な異変ではないとしながら、念のため女が最初に現れた場所で招魂祭（しょうこんさい）を行いました。

招魂祭とは遊離しようとする魂を招いて戻す、病気平癒を意図した道教の儀式に由来しますが、陰陽道では死者の霊魂を招き寄せて弔う儀式に変じ、通常は魔除けの呪法として行われました。

翌日は大きな地震が起こりますが、20日の移徙は予定通り行われます。ここで欠かせないアイテムが黄牛（あめうし）と水火（すいか）の童女、鎮宅の護符、そして反閇（へんばい）という呪法で、黄牛とは飴色の牛、水火の童女は水を持った童女と火を持った童女、反閇とは邪気を払う特殊な足の踏み方を言います。

水と火はそれぞれ浄化作用があると考えられていたものなので、ここでの童女の役割もお清めの先導役であることがわかります。

日本神話の上で、黄泉国から戻ったイザナギノミコトが死の穢れを洗い落とすために、水によるお清めを行ったことは前に触れました。インドでお馴染みのガンジス川での沐浴（もくよく）も同じく穢れを洗い清めるためのものなので、古今東西に関係なく、水に恵まれた地域では、水による浄化は自然な発想だったのかもしれません。

イザナギとイザナミ、沼島のおのころ神社（著者撮影）

一方の火による浄化ですが、これのもっとも典型的な例は古代インドの火神アグニに見ることができます。インド最古の文献である『リグ・ベーダ』は神々への賛歌集であり、1028ある賛歌のうち4分の1が雷神かつ軍神のインドラに捧げられたもので、これに次ぎ、全体

みそぎ池（イザナギノミコトが穢れを洗い清めた）
宮崎市阿波岐原町産母（著者撮影）

の2割を占めるのがアグニに捧げられたものです。

インドラやアグニを崇めたアーリア人は強い穢れの概念を有しており、先住民と先住民が暮らす土地を穢れと見なしていました。戦いで先住民を圧倒しても、穢れた土地に住みたくはなかったので、火神アグニの祭祀を行ってから、進駐あるいは占領するのを常としました。

話を新御所への移徙に戻します。水火の童女の後には、引かれた黄牛が続くのですが、これは五行説に基づく作法です。陰陽道ではそれぞれの家宅に土公神という土地の精霊が住み着くとの考えのもと、土公神を鎮めるため、黄牛を一時的な捧げものに見立てました。五行説では、土に対応する動物は牛、色は黄色だからです。

鎮宅の護符については第1章でも触れましたが、七十二星西岳真人符または西岳真人鎮と呼ばれる護符は定番で、これを屋根の上に置けば、移徙の儀礼は終了です。

この日の儀礼でもっとも注目すべきは、大江広元が「普通の作法と異なる」と、「頻りに意見」した点です。

京都で外記局に長く勤務した広元であれば、祭祀や儀礼に関する文書を日常的に見ていておかしくはなく、彼が知る作法とこの日の祭祀を任された安倍親職の作法に、細かな違いが多数あることを見過ごせなかったのでしょう。
親職が手抜きをしたか、東国向けにアレンジを加えたのか、それとも広元が東下してから作法に変化があった可能性もありますが、広元が自己の存在を誇示するため、難癖をつけた可能性も否定できず、事実関係は不明とするしかなさそうです。

実朝のスピード昇進は後鳥羽院による「官打ち」だったのか?

源実朝の昇進がいかに速かったかは、以下を見れば明らかでしょう。

1203年9月　従五位下・征夷大将軍（12歳）
1204年3月　右近衛少将（13歳）
1205年1月　右近衛中将兼加賀守（14歳）
1207年1月　従四位上（16歳）
1209年4月　従三位（18歳）
1211年1月　正三位兼美作守（みまさかのかみ）（20歳）

1211年12月　従二位（20歳）
1213年2月　正二位（22歳）
1216年6月　権中納言（25歳）
1216年7月　権中納言兼左近衛中将（25歳）
1218年1月　権大納言（27歳）
1218年2月　左近衛大将兼左馬寮御監（27歳）
1218年10月　内大臣（27歳）
1218年12月　右大臣（27歳）

源頼朝の最高位であった権大納言・右近衛大将より上への昇進を果たしたわけですが、権中納言から右大臣までこれほど短期間でのスピード昇進は、早々あることではありません。そのため南北朝時代に成立した軍記物語の『承久記』では、これを「官打ち」という言葉で表しています。相手を不幸な目にあわせるため、分不相応な官位を与えることを指し、呪詛の一種と言って間違いではありません。

後鳥羽院が鎌倉幕府の打倒を目論み、その第一歩として源実朝を狙ったとの見方ですが、あいにくこれは見当外れもいいところです。

実朝は京文化の摂取に積極的なだけでなく、後鳥羽院に従順でしたので、後鳥羽院も源仲章をはじめ、東国へ下らせた側近たちを通じて、実朝の遠隔操作は可能と見ていた節があります。ですから、実朝を呪詛する理由も、排除する必要性もなかったのです。

より上の官位官職を求めたのは、実は実朝のほうでした。朝廷が進んで動いたのではなく、すべて実朝からの要請に基づく任命だったのです。

鎌倉幕府でも異例の昇進に不信感を覚える者がいて、『吾妻鏡』の1216年9月18日条には、北条泰時が大江広元に対し、実朝への諫言を求めたとする記事が見られます。

これを受けた広元は同月20日、実朝に対し次のように意見をします。

「ご子孫の繁栄を望まれるのであれば、現在の官職を辞して、征夷大将軍だけを帯び、徐々に年齢を重ねてから、左右どちらかの大将を兼任されるべきです」

実朝は諫言を予期していたのか、即座に淀みなく返答をします。

「諫言の趣旨はまことに感心したが、源氏の正統は自分の代で途絶える。子孫が継承することは決してないだろう。ならば、あくまで官職を帯びて源氏の家名を挙げたいのだ」

こう言われては広元も重ねて意見することができず、すぐさま退出して、このことを北条義時に伝えたとのことです。

まるで暗殺を予知していたともとれる発言ですが、それは結果を知る者だからこその反応で、実朝の真意は、自分にはこの先も子供ができないから、武門源氏嫡系の断絶は不可避ということです。

実朝と正室とのあいだに子はできていませんでしたが、それだけではどちらに原因があるかわかりません。愛妾が何人もいながら、妊娠する者が誰一人いなかったことから、実朝は自分に原因があると悟ったのでしょう。

頼家には和田合戦で死んだ一幡のほかに三男一女がありましたが、男子はすべて出家しており、女子による相続は前例がありません。僧侶は還俗させればよい話ですが、頼家の最期を思い返せば、その遺児が報復行動に出ない保証はなく、御家人たちが好んで推戴するとは思えませんでした。

頼家の子でなければ、次なる候補は阿野全成（頼朝の異母弟）の子時元（ときもと）で、当人にもその気があったことは、実朝の暗殺からほどなく、朝廷から東国を支配するよう宣旨（せんじ）を得たと称し、挙兵した事実からうかがえますが、これが簡単に鎮圧されたことは、さしたる支持勢力を持たなかったことの証左でもあります。

頼朝には女房の大進局（だいしんのつぼね）とのあいだに庶子がありましたが、北条政子に何をされるか知れないというので、上洛して仁和寺に入り、完全な仏門の人となっていたため、還俗の可能性はありませんでした。

河内源氏の他の家系から選ぶとすれば、新田・足利・武田・平賀（大内）などが候補となりますが、すでに頼朝時代に源氏一門を御家人と同列に扱うようにしていたため、ここから一人を選ぶとなれば異論百出を避けられず、下手をすれば内乱を誘発させる恐れもありました。ですので、この案もなしです。

実朝がどうするつもりでいたかと言えば、将軍の後継には京都から皇族を迎える構想を抱いていたらしく、事実、北条政子が熊野詣にかこつけて上洛した折、後鳥羽院の側近として多大な権力を有する藤原兼子（けんし）（卿二位（きょうのにい））とのあいだで相談を重ね、後鳥羽院の皇子の誰かを東下させる密約が成立していたようです。

皇子を迎えるのであれば、鎌倉殿の官位もそれなりに昇進させておく必要がある。実朝はそれをも考慮に入れ、異例のスピード昇進を申請したものと考えられます。

後鳥羽としても、自分の皇子が後継者になるなら、実朝の要望を退ける理由はありませんでした。

陰陽師も見立てを間違えることがあった

天変地異や怪異が起きたら、陰陽師の占いにより原因を突き止めた上で、適切な祈祷を行わせる。鎌倉でも京都と同様の手順が踏まれるようになりましたが、その道のプロとはいえ陰陽師も人の子ですから、見立てを間違えることがありました。犯罪のプロファイリングが完全ではなく、時には捜査を混乱させるだけに終わるのといっしょです。

陰陽師が誤りを犯した例は、『吾妻鏡』の1216年閏6月24日条に見られます。

時に幕府では、密教験者の忠快に六字河臨法（ろくじかりんほう）という災いを払う修法を行わせることとし、陰陽師の安倍親職と安倍泰貞に縁起のよい日を占わせたところ、二人とも7月中から3つの候補日を選び出し、どの日でも問題なしとしました。

ところが、実際に修法を行う忠快が異を唱えました。上・中旬には支障があり、29日に至っては絶対に不可と言うのです。

判断基準について、『吾妻鏡』には何の記述もありませんが、実朝は、「これは陰陽道の誤りである。親職・泰貞の出仕を停止せよ」と命じ、二人はしばらく自宅謹慎をさせられたということです。

あるいは、このときの審議には「大江広元と二階堂行光（ゆきみつ）が奉行を務めた」とあるので、新御所への移徙のときと同じく、広元が何かと口を出したのかもしれません。

そもそも一か月もの間に凶の日が皆無というのはおかしな話です。移徙の件以来、官人陰陽師に気の弛み、鎌倉を甘く見る心を感じ取った広元が、待っていましたとばかり、きついお灸を据えさせたというのも、ありえない筋書きではありません。陰陽道を自己の政治資本の一つとしていたならなおさら、陰陽師たちには気を引き締めてもらう必要があったはずです。

謹慎処分が効いたのか、その後、陰陽師たちが失態を演じることはなくなりますが、鎌倉では水面下で、不穏な空気が醸成されつつありました。実朝が後鳥羽院に従順でありすぎることへの不満が、御家人たちのあいだにじわじわと浸透していったのです。

一方で、露骨に不穏な動きをとる人物がいました。頼家の遺児の一人である公暁（くぎょう）がそれです。園城寺で修行をしていた公暁は北条政子の計らいで、１２１７年６月に鎌倉への帰還を果たし、鶴岡八幡宮寺の別当に任じられます。

同年10月11日には鶴岡八幡宮寺の別当として初めての神拝を行ったのに続き、宿願のためとして、同日から一千日間の参籠に入ったのですが、翌年末になって、ようやく不審に思う者が出てきました。

参籠ですから、まったく外出せず、髪の毛も切らないのはよいとして、側近の白河儀典を奉幣のため伊勢太神宮に出発させ、その他の諸社にも使節を遣わしたとあっては疑念を抱かれても仕方なく、『吾妻鏡』によれば、以上の情報は１２１８年12月5日に御所に伝えられたといいます。

ここでまた不思議なのが、『吾妻鏡』には公暁の不穏な動きに対する幕府の対応が何も記されていないことで、一千日間の参籠が終わるまでは放置しておいても問題なしと考えたのでしょうか。何をするか察しながらあえて泳がせていたか、黙認することで合意ができていたとするなら、何も知らずにいた実朝が不憫(ふびん)に思えてきます。

源氏将軍の断絶。実朝暗殺の黒幕は

公暁による実朝暗殺が決行されたのは、1219年1月27日のことです。現場は右大臣拝賀のため訪れた鶴岡八幡宮の寺境内で、実行犯が公暁なのは間違いないのですが、背後にいた黒幕について調べが及ぶことはなく、その後も真相が明らかにされることはありませんでした。

ただし、状況証拠から、三浦義村と北条義時の二人が、黒幕の最有力候補に挙げられています。

三浦義村の妻は公暁の乳母、子息の駒王丸(こまおうまる)は公暁の門弟と、義村は公暁と私的な交流関係を築いていました。実朝暗殺に成功した公暁は後見人である備中阿闍梨(あじゃり)の雪下北谷に逃れた後、そこから義村のもとへ使いを送っているので、三浦氏の武力に頼ろうとしたのは明らかです。事前の約束があったかどうかはわかりませんが、公暁には他に頼るべき御家人が見当たりませんでした。

一方の義時は実朝の鶴岡八幡宮寺参詣に際し、剣役を拝命しながら、急に心身の不調を訴え、源仲章にその役目を代わってもらいました。この仲章が同じく公暁の手にかかって殺されたのですから、公暁の狙いを実朝と義時の同時殺害とする説にもそれなりの説得力があります。義時が死んで一番得をするのは北条氏に次ぐ勢力を誇る三浦氏でしたから、義村に疑惑の目が向けられるのは無理のない話でした。

義時が間一髪、凶行から逃れられたのは、本当に体調不良が原因なのか、それとも虫の知らせか、あるいは義村との共謀関係、義村の計画を察知しての行動、すべてが義時の計画のうちなど、様々な可能性が考えられます。しかし、『吾妻鏡』は義時の前半生を没個性的、頼家時代以降はとことん善人として描いているため、実朝暗殺事件に関しては、とうに予告されていたとする記事まで載せています。

一つは1218年7月9日条で、北条義時が薬師堂の建立を考えていたとき、夢に薬師十二神将のうちの戌神（いぬがみ）が現れ、「今年の神拝では何事もなかったが、来年の拝賀の日は供奉されぬように」と告げられたというのです。

薬師十二神将とは薬師如来の周囲に配され、各方角の守護を担当する神将で、戌神は戌の刻（午後7〜9時）・戌の方角（西北西）を担当する神将でした。この「いぬ」というのが一つの鍵になります。

次は1219年2月8日条で、義時が完成した大倉薬師堂に参詣した折の回想です。

「去る1月27日夜は、白い犬が目に移ったかと思いきやたちまち意識が朦朧（もうろう）としてきたので、剣役を源仲章に代わってもらった。そのとき、大倉薬師堂の戌神の像は堂のなかから消えていた」というのです。

　どれも裏の取りようのない話ばかりですが、それにしても義時を助けたのはなぜ十二神将のなかでも「戌神」なのでしょうか。

　義時は１１６３年の生まれと推測されますが、この年の干支は癸未（みずのとひつじ）ですから、動物だと羊にあたります。おそらく義時の誕生日が十干十二支で「戌」の字の付く日だったのでしょう。

戌神は戌の刻・戌の方角を担当ですが、この点はどうかといえば、『吾妻鏡』には実朝暗殺事件が起きた時間帯を単に「夜」としか記していません。ただし、実朝が御所を出立したのが酉の刻（午後5〜7時）とありますから、神拝を終えた実朝が帰途に着いた時間帯は戌の刻であった可能性が大です。

覚園寺（大倉薬師堂）©pixta

　残るは戌の方角ですが、義時の屋敷から見て鶴岡八幡宮寺がその方角にあたるので、これを指すものと見てよいでしょう。

　また、『吾妻鏡』の１２１９年1月27日条には、「そもそも今日の不祥事については、前々から異変を示すような出来事がいくつもあった」として、大江広元が突然の涙に襲われ、実朝が禁忌の和歌（菅原道真の歌を改変）を詠み、不思議な鳩がしきりに鳴きさえずり、牛車（ぎっしゃ）を降りた時に剣が折れたといったことが挙げられていますが、中国の『後漢書』と『三国志』にある董卓（とうたく）誅殺直前の出来事と似すぎていることから、これら予兆のすべては意図的な創作と見てよいでしょう。すべては源氏将軍から北条氏への権力の完全な移譲を正統化するための小細工です。

武門源氏の氏神である八幡大菩薩から再三予兆を下されたにも関わらず、実朝はその意味を悟らなかった。だから殺されたのだとすれば、今回の事件は実朝の咎（とが）ということで済まされるからです。

公暁にしても、武門源氏の氏神を祀る八幡宮内での凶行が聖域を汚す重大な罪と承知していたはずですが、それと同時に、氏神が実朝と自分のどちらに味方するか、事の成否で神意を問う気持ちが働いていたかもしれません。

公暁が隠れていたといわれる鶴嶺八幡宮の大銀杏。残念ながら2010年に倒れる（著者撮影）

義時を実朝暗殺の黒幕とする確証はありませんが、少なくとも公暁の凶行については、あらかじめ情報を掴んでいたとしか思えません。詳細はつかめずとも、凶行が実行されるとすれば、実朝の警固がもっとも薄く、周囲に人がもっとも少なくなる場所と時間帯であるはずで、義時はそれを見計らい、仮病を使ったのではないでしょうか。

ただし、義時は脚気に苦しみ、霍乱を併発することもあったといいますから、健康体と呼ぶにはほど遠すぎました。脚気はビタミンB１の不足に起因する諸症状、霍乱は現在で言う急性腸炎なので、50代半ばという年齢も考慮すれば、いつ発病してもおかしくはありません。にわかに意識が朦朧とすることもありえますが、事件当夜の義時は境内の神宮寺で休んでいたところ、すぐさま正気に戻り、帰宅したとあります。明らかに病状が異なるので、やはり仮病と見てよいかと思います。持病があるからこそ、周囲の誰も信じて疑わなかったのではないでしょうか。

実朝の五輪塔（鎌倉・寿福寺）

実朝の死がもたらした衝撃は大きく、鎌倉では百余名の御家人が悲しみに堪え切れず出家を遂げます。そのなかには安達景盛や二階堂行村、加藤景廉ら長老格もいれば、大江広元の子親広・時広のように若い者の姿もありました。

これだけを見れば、実朝は惜しまれて亡くなったと言えそうですが、実のところ鎌倉の御家人全体としては、幕府を守るためのやむをえない成り行きとする受け止め方が多数を占めていました。

実朝が後鳥羽の要求をことごとく受け入れていることに、御家人たちが苛立ちと危機感を募らせていたからです。

源実朝と後鳥羽を巡る関係図

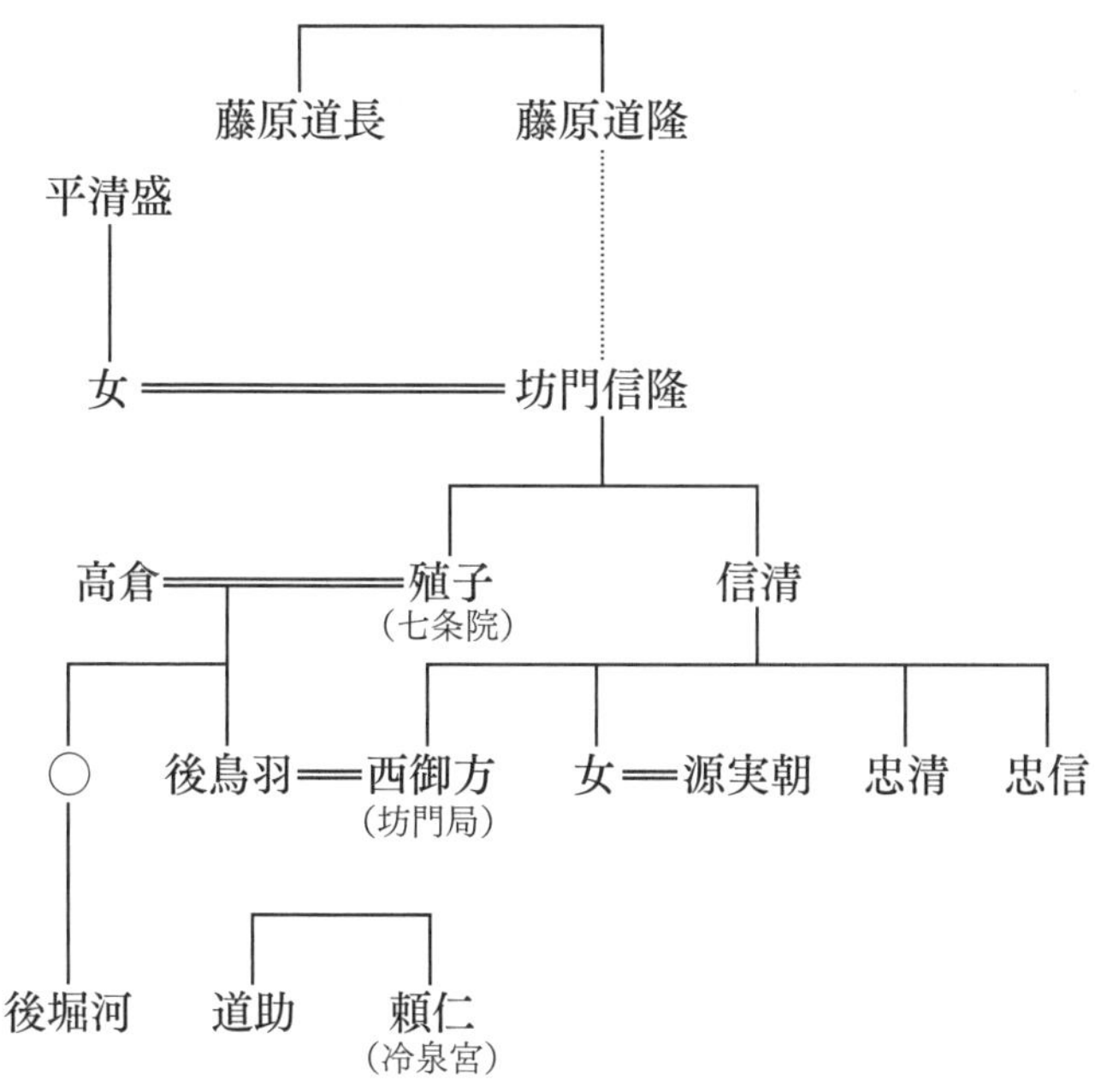

陰陽師のいっせい解雇という歴史の分岐点

公暁一味の追捕が一段落するのを待って、北条義時は2月14日に天地災変祭を行い、天下の太平を祈願します。これは日常の回復を宣言したのも同然で、実朝暗殺の黒幕探しは一切行われないこととなりました。

けれども、後鳥羽院は義時の意向などにお構いなく、『吾妻鏡』の同年2月20日条によれば、去る6日に、実朝の祈祷をしていた陰陽師らすべての所職を停止したとあります。

この処置の対象は、実朝の祈祷をしていた在京の陰陽師とも、後鳥羽院の命令で鎌倉に下っていた陰陽師、もしくは後鳥羽院の許可を得て鎌倉に下っていた陰陽師とも解釈できます。「実朝の祈祷」も実朝の息災を祈願するためのものか、実朝を呪詛する内容かで、見解に大きな相違が生じます。

実朝の息災を意図した祈祷であっても、調伏と誤解される恐れがあるため、いち早く解散させた可能性があります。

関東への下向については、後鳥羽院の命令によるのか許可のみかの違いはあれども、陰陽寮での官職は生きていますので、下向の経緯に関係なく、所職を停止されることはありえることでした。

所職停止については、実朝の安全祈願を成就できなかったことへの懲罰とする点で研究者の見解は一致していますが、赤澤春彦氏の前掲書ではさらに一歩踏み込み、所職を停止された可能性のある者として、安倍泰貞・親職・宣賢の3人の名を挙げ、彼らが引き続き鎌倉に留まり、陰陽道活動を行っていることをもって、幕府は彼らを幕府専任の陰陽師として組み込むことを意図し、陰陽師側もそれに同意し、幕府の陰陽師として生きる道を選択したとしています。少し先の話ですが、彼らは御簡衆として小侍所（こさむらいどころ）に配属され、護持僧や番衆（ばんしゅう）（宿直の武士）とともに、鎌倉殿を24時間体制で警固する役目を与えられています。

ここに名の出た小侍所とは、将軍御所に設けられた近習の侍の詰所を言います。護衛の侍機所と呼んでもよいかもしれません。

番衆が相手にするのは生身の人間で、陰陽師と護持僧の相手は呪いや邪気など、形のないもののすべてでした。両方相手にできる者が多数いればよかったのですが、それは無理な相談というものです。源頼光や渡辺綱（わたなべのつな）クラスの者なら可能だったのでしょうが、彼らによる鬼退治は史実ではなく伝説の領域。実在の武士では呪いや邪気に太刀打ちできないというのが、当時の通念でした。

陰陽寮での官職の喪失に加え、後鳥羽院の不興を買ったのであれば、帰京したところで、その陰陽師たちに待つのは茨の道だけです。少なくとも後鳥羽院の存命中は再就職ができず、隠遁して親族からの援助だけを頼りに生きていくしかない状況では、後鳥羽院の感情を逆なでするのを承知の上で、鎌倉で正規の仕事に就くのが賢明な判断でした。

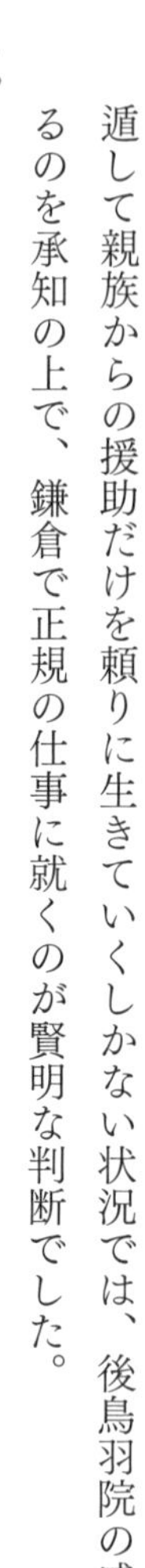

藤原将軍を迎えるために特別のお祓いを実施

空席となった鎌倉殿の座に誰を据えたらよいか。頼朝が急死したときとはすっかり状況が変わり、北条義時が鎌倉の最高権力者であることは内外に衆知されていました。頼朝の妻にして、二代・三代将軍の母でもあった北条政子の存在も大きく、三浦義村が義時との協調路線を鮮明にしたことで、鎌倉幕府が尼御台所または「尼将軍」とも称された北条政子と義時の二頭体制に落ち着いたことも周知の事実でした。

とはいえ、京都の朝廷を相手にするためには、やはりトップに貴種を据える必要がありました。そこで幕府は内諾を得ていた親王の下向を求めます。冷泉宮頼仁親王（れいぜいのみやよりひとしんのう）か六条宮雅成親王（ろくじょうのみやまさなりしんのう）のどちらか一人をと。

けれども、後鳥羽院としては、実朝による全面的な庇護という大前提が崩れた以上、断固として要求に応じるわけにいきませんでした。少数の刺客に将軍が討たれるような物騒な場所であればなおさらのことです。

後鳥羽院にはそれ以外にも懸念がありました。皇位継承権を持つ者を地方へ下す行為が、日本国を二分させはしまいかとの不安です。

慈円の『愚管抄』によれば、後鳥羽院はこうも口にしたと言います、

「将軍にと望むのが人臣の家柄の人であれば、関白摂政の子などであっても申し出に従うであろう」

藤原摂関家の子弟ならよいとしたのです。当時の摂関家は近衛・松殿（まつどの）・九条の三家に分かれており、折衝が重ねられた結果、選ばれたのは九条道家の子で、まだ2歳の三寅（みとら）（のちの頼経）でした。道家の祖母は頼朝の同母妹、三寅の母綸子（りんし）の母方の祖母も同じ女性でしたから、女系で河内源氏の血を色濃く引いています。鎌倉では三寅に頼家の娘を娶（めあ）わせることで、源氏の血筋でもあることを強調するつもりでした。頼家の娘のほうが15歳も年上なので、両名の間に子は期待できそうにありませんでしたが、あくまで象徴としての婚姻でしたから、その点に関しては問題なしでした。

三寅が鎌倉から来た迎えの軍勢に護られながら、京都を出立したのは1219年6月25日のことです。京都からは殿上人（てんじょうびと）1人、諸大夫（たいふ）3人、侍3人、医師・陰陽師・護持僧各1人が供奉しましたが、この殿上人は源頼朝と義理の兄弟の関係にあった一条能保（いちじょうよしやす）の末子実雅（さねまさ）でした。

医師の丹波頼経（たんばよりつね）は丹波経基の子で、護持僧の寛喜（かんき）は清和源氏の血を引く園城寺の僧侶、陰陽

師の安倍晴吉（はれよし）は安倍国道の子ですから、晴道党の人間です。陰陽師と護持僧が医師と同等の立場だったわけで、すべて鎌倉に縁ある人物で固められるなど、人選にも一定の配慮がうかがえます。

一行は7月19日の昼過ぎに鎌倉入りを果たし、同月26日には同行した安倍晴吉によって七瀬祓（ななせのはらえ）が行われます。

七瀬祓とは、除病や安産、呪詛返しなどを目的に、人形（ひとがた）や船形、車形、馬形などに災禍を移して流し祓う河臨祓（かりんはらえ）に由来し、京都では鴨川の二条・大炊御門（おおいみかど）・中御門・近衛御門・土御門（つちみかど）・一条の末・川合の順に北上しながら行う七瀬祓と、より地域を拡大した霊所七瀬祓があり、等身大の人形が使われることもありました。

鎌倉の場合、どこの瀬が利用されたかの記録には欠けますが、「七」という数字からして、北斗七星の形になぞらえた場所とも考えられます。

このとき祓うべき穢れは実朝暗殺と公暁一味の掃討で起きた一連の流血で、水による浄化に北斗七星の呪力を合わせれば、祓が可能と判断されたのでしょう。

これより前の1216年8月19日、幕府は鶴岡八幡宮寺の近くに北斗堂という北斗七星を祀る独立した御堂を建立しており、北辰と北斗七星に対する信仰も強まっていた様子が垣間見られます。

三寅はまだ幼少のため、政務は北条政子が代行。簾一枚を隔てて報告を聞き、裁可を下す垂簾聴政の形式が採られました。現実には、大体のことは北条義時の采配に委ねられたようですが、南北朝時代に成立した歴史書『保暦間記』は藤原将軍の下向という前例のない展開を王法の形骸化、臣下（義時）による「公家ノ御事」への介入とマイナスに捉え、すべては崇徳院の怨霊の仕業としています。

河内源氏の血は完全に絶えたわけではなく、実朝暗殺時には公暁の弟や阿野全成の二男はもとより、足利義氏や武田信光、大内惟義（平賀義信の長男）などが健在でしたが、北条氏の立場が頼朝の急死時とは比較にならないほど強大化していたため、上位に仰ぐべき将軍が頼朝の再来のようではまずかったのです。鎌倉殿＝征夷大将軍である必要性もなくなっていたので、将軍には貴種性を備えながら、無力無能である人物が望ましく、できれば親王が最善でしたが、摂関家の血を引く藤原将軍でも悪くはありませんでした。何よりも、まだ2歳の赤子というのが一番の決め手だったはずです。

新たに京都からまとまった移住が行われたことで、陰陽道の受容も確実に進み、鎌倉における陰陽道の隆盛期が始まるのでした。

源頼朝と一条能保を巡る系図

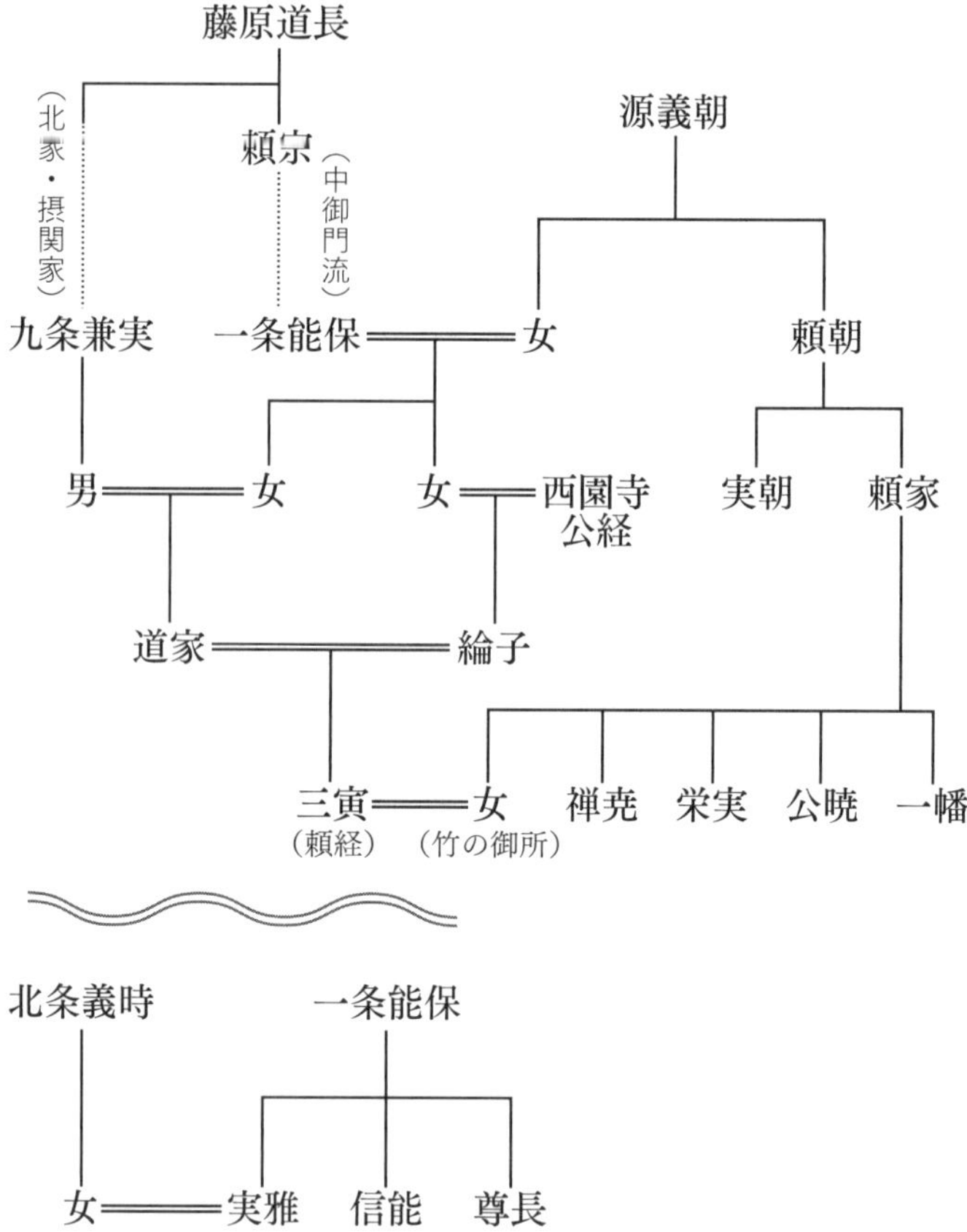

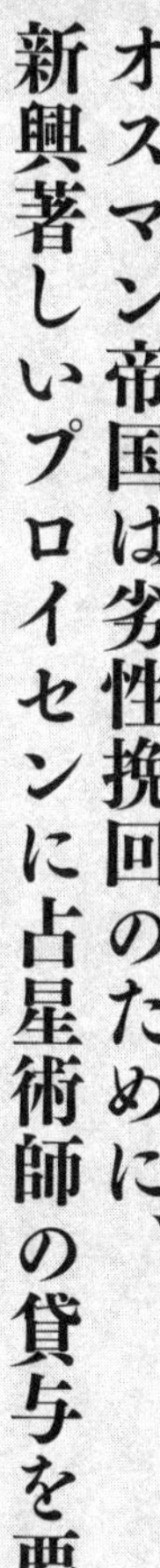

オスマン帝国は劣性挽回のために、新興著しいプロイセンに占星術師の貸与を要請

中東イスラム世界にも呪術に類した信仰や文化が存在します。サウジアラビアなど一部の国や地域を除いて魔除けが流布(るふ)し、占星術にも長い伝統のあるのが何よりの証拠です。

占星術について語るには、１６８３年の第二次ウィーン包囲から始めるのがよいでしょう。オスマン軍は１５２９年にも大軍をもってウィーンを包囲したことがありますが、そのときは冬の訪れが近いというので、わずか半月ほどで撤退しました。二度目の包囲は満を持しての挙と思いきや、山脈を越えて大砲を運搬することができず、大軍ではありながら決め手となるはずの重火器を欠いた包囲となりました。案の定、２か月経過しても城門は破れず、厭戦(えんせん)気分が漂い始めたところへポーランド王をはじめとするカトリック側の援軍が到着。オスマン軍はたちまち総崩れとなります。

オスマン軍は何度か態勢を立て直そうとしますが、いずれも叶わず、２か月にわたる和平交渉の末、１６９９年1月26日午前10時、ドナウ川の中流に位置するセルビアの小村カルロヴィッツで条約調印式が開始されます。

ところが、１時間半を過ぎても式典は終わりませんでした。オスマン帝国代表が署名を引き

延ばしていたからです。遅延の理由は、

「星の巡りが、この日の11時45分に、オスマン帝国にまたとない幸運がもたらされると示した」

という宮廷お抱えの天文学者からの助言によるとのこと。各国代表は辛抱強く待ち続け、オスマン側の求める時間になってようやく調印がなされました。

ここで言う天文学者はいまだ占星術師と不可分の存在で、オスマン帝国では宣戦布告から軍の移動、艦船の進水式に至るまで天文学者の助言に従うのが倣いでしたので、このような遅延はカルロヴィッツ条約の調印式に限ったことではありませんでした。

希望の時間に調印式を行った効果なのか、オスマン帝国は

第二次ウィーン包囲

1711年のプルート条約で、ロシアから黒海北岸のアゾフを奪還するとともに、アゾフ周辺の要塞を破却させることにも成功。1739年のベオグラード条約では、1718年のパッサロヴィッツ条約で失ったバルカン半島のアドリア海沿岸部からワラキア（現在のルーマニア西部）一帯を取り戻すことにも成功しています。

けれども、旧態依然とし装備や経済システムでは産業革命や財政革命の渦中にあるヨーロッ

パ列強を相手に上から目線で居続けることはもはやできず、オスマン帝国と対等な相手は存在しないとする姿勢も放棄を迫られ、1763年には新興著しいプロイセンに使節を派遣しがてら、ある要求をもちかけます。それは、「王家お抱えの天文学者を譲ってくれないか」というものでした。

オスマン帝国ではプロイセン台頭の原動力は優秀な天文学者がいるからと判断したのでしょう。オスマン側は見返りとして、西欧ではまだ珍しい軍楽隊を贈るつもりでいたようです。

学術愛好家として知られる神聖ローマ皇帝ルドルフ二世（在位1576〜1612年）は化学や天文学にも興味を抱き、デンマーク出身のブラーエやケプラーをお抱え天文学者として雇っていましたから、同じドイツ語圏のプロイセンにもお抱え天文学者がいて不思議はありません。時のプロイセン王フリードリヒ二世（在位1740〜1786年）は啓蒙専制君主の一人に数えられる人で、小さいながらロココ様式の傑作と称えられるサンスーシ宮殿を築き、話し相手としてフランスから啓蒙思想家のボルテールを招くなど、学術を愛したことで知られています。一方では軍事費を捻出するため、ひそかに錬金術の実験をさせていたというのですから、お抱え天文学者がいて、占

フリードリヒ二世（大王）

星術をやらせていたとしてもおかしくないのですが、その有無はともかく、フリードリヒがオスマン帝国の申し出を謝絶したことは事実でした。

中東イスラム世界の占星術は古代インドと古代ギリシア両方の影響を受けていますが、どちらかといえば、古代バビロニアの占星術を継承する古代ギリシアの影響のほうが大でした。11世紀頃までは現在のイラクを中心にサービア教徒という星辰崇拝者も多くいたようで、それらの影響もあってか、9世紀にはアブー・マアシャル（ラテン名アブルマサル）という中世最大の天文学者が現れます。彼は『大序説』や『小序説』といった占星術の入門書、アッバース朝の正統性を論じた『宗教と王朝の書』、個人を占うための『誕生年回帰の書』など多くの著作を残し、そのすべてがラテン語に訳され、西欧に伝えられたため、彼の考案した占星術は中世カトリック世界にも大きな影響を与えることになりました。

アルカリやアルコールなどアラビア語起源の化学用語が多いことからも明らかなように、11～13世紀のカトリック世界はイスラム世界の学術に敬意を払い、翻訳活動を通じた摂取に貪欲なまでに励みました。アルコル（死兆星）やヴェガ、アルタイルなど、星の名にアラビア語起源が多いのもそのためです。

第5章

後鳥羽院と北条政子・義時政権の最終決戦

1219〜1225年

主なできごと

1219年11月　大内守護の源頼茂誅滅
1221年5月　承久の乱始まる
1221年6月　幕府軍が洛中に進駐
1221年7月　後鳥羽院と順徳院を配流
1224年6月　北条義時没
1225年6月　大江広元没
1225年7月　北条政子没

後鳥羽院と密教呪術

遠隔操作可能と見ていた実朝の暗殺により、後鳥羽院は軌道修正を迫られました。鎌倉幕府そのものの打倒まで考えていたか、北条義時さえ除ければ十分と考えていたかは議論の分かれるところですが、親王下向の具体的交渉が開始されてまもない時期に、後鳥羽院は早くも挑発行為に出ます。『吾妻鏡』の1219年3月9日条にある、院の使いの藤原忠綱(ただつな)が北条政子の屋敷を訪れたとする記事がそれです。

実朝の死に関して政子にお悔やみを述べた後、忠綱は義時に対して思いもかけないことを告げました。院宣により、摂津国長江荘と倉橋荘の地頭職を「改補(かいほ)(他の者と交代)」するというのです。

両地とも後鳥羽院が寵愛する伊賀局亀菊(いがのつぼねかめぎく)の所領で、義時が地頭を務めていました。地頭には検察権と徴税権が認められているだけに、唐突な解任通告は重大事です。何の理由もなくただ解任と告げられただけでは、素直に受け入れるわけにはいきませんでした。面子(めんつ)の問題に加え、他の御家人が務める地頭職まで改補されては、収拾不可能になるのが目に見えていたからです。

義時は即答を避け、北条政子の屋敷に子息の泰時や弟の時房、大江広元などを集めて対策を協議します。その結果、時房に一千騎の兵を預け、政子の使いとして上洛させることにしました。将軍下向の件と合わせ、軍事的に圧力をかけようとしたのです。

地頭職の問題は平行線を辿りますが、もう一方は九条家の三寅を下向されることで話がまとまりました。ところが、三寅一行がゆっくりと鎌倉に向かう間に京都で不可解な事件が起こります。7月13日、大内守護の源頼茂（よりしげ）が謀反の罪で攻め滅ぼされたのです。

大内守護とは大内裏を守護する役職で、源頼茂は以仁王（もちひとおう）を擁して挙兵した源頼政の孫にあたります。幕府の公式行事に欠かさず参列していたため、鎌倉と京都を一年に何度も往来する慌ただしい身でした。

幕府と朝廷のパイプ役を務めていた頼茂がなぜ謀反を起こし、なぜ後鳥羽院の命令で討たれたのか。実はその点が大きな謎なのです。慈円の『愚管抄』には、将軍職の簒奪計画が露顕し、呼び出しに応じなかったため、後鳥羽院が在京の武士を遣わしたとありますが、『吾妻鏡』には「頼茂が後鳥羽院の考えに背いた」とあるだけで、幕府がこの事件をどう受け止めたのか、手掛かりになるような記述が何も見当たらないのです。さすがにこれは不可解に過ぎます。

ただし、『吾妻鏡』の同年1月25日条には、鶴岡八幡宮寺の拝殿で跪（ひざまず）いた姿勢で一瞬居眠りをした頼茂が、杖で一羽の鳩を打ち殺した童（わらべ）が次に頼茂の狩衣の袖を打つ夢を見て、目覚めてみたら八幡宮寺の庭に鳩の死体があったこと、陰陽師の安倍泰貞や宣賢に占ってもらったところ、不吉と出たとの記述があります。

頼政の孫ですから頼茂は摂津源氏の一員です。始祖の源頼光は河内源氏の始祖である源頼信の兄ですから、本来であれば自分こそ武門源氏の本流との意識はあったかもしれませんが、謀叛を計画したとなれば、よほどの勝算があったか差し迫った事情があったかのどちらかのはずです。しかし頼茂にはどちらも見当たらないのです。

この事件に関しても研究者の見解は分かれ、坂井孝一著『承久の乱　真の「武者の世界」を告げる大乱』（中公新書）では、

「後鳥羽としても三寅を後継将軍と認めた以上、頼茂がその決定を覆そうとすれば追討の院宣を出さざるを得ない」

と、頼茂の謀反を前提に論を展開させていますが、永井晋著『鎌倉源氏三代記　一門・重臣と源家将軍』（吉川弘文館）では、

「北条時房の軍勢をみた後鳥羽上皇が院独自の武力を組織しなければと考えるようになった時、摂津源氏の勢力回復を考えて畿内で郎党を増やそうとしていれば、頼茂は邪魔な存在になっていく」

「後鳥羽院制からも、摂家将軍を迎えようとする鎌倉幕府からも邪魔の存在となっていた可能性がある」

と、頼茂はとんだとばっちりを受けたとの見方を示しています。

また関幸彦著『承久の乱と後鳥羽院　敗者の日本史⑥』(吉川弘文館)』では、

「近江守だった頼茂は、かつて実朝の政所のスタッフでもあった。父祖以来の栄光と自身の境遇の落差から現状打破のための挙兵だった」

と、頼茂による謀叛を前提とする説、及び、

「臨戦態勢を呈しつつあった後鳥羽院が、頼茂を与党化しようとはかり、連携を深めようとしたが、かなわなかったため」

と、後鳥羽院による口封じ説、さらには、

「鎌倉との交渉にあたった藤原忠綱が院の思惑とは別に勝手な人事を推進しようとした。頼茂との連携はその流れのなかでのことだった。それが後鳥羽院の知るところとなっての事件だった可能性もある」

といった説に加え、

「白河に建立した最勝四天王院（さいしょうしてんのういん）の呪法のことが、頼茂の知るところとなったため、その証拠を湮滅（いんめつ）するための後鳥羽の処断」

「関東への情報提供を封ずるための策謀」

と、呪いの事実を知られたからとする説も提示しています。

ここに名の出た最勝四天王院とは後鳥羽院が1207年11月に新造した寺院で、1219年

7月19日に突如として解体され、五辻殿に移設されました。決定も急なら、移設工事も急ピッチで進められたことから、証拠隠滅を疑われたのですが、確かに後鳥羽院の行動はこの頃から怪しさを増します。

軍記物語の『承久記』では、最勝四天王院の創建を関東調伏のためとしていますが、さすがにそれはないでしょう。創建されたのは後鳥羽院と実朝の協調体制が上手く進んでいた時期ですから。ただし、実朝が暗殺されて以降、祈祷目的が変更された可能性は大いにあります。

最勝四天王院の管理と運営を任されていたのは二位法印尊長（一条能保の子）で、修験道にも秀でていた尊長は1220年末に出羽国羽黒山の総長吏に任じられます。現地への赴任こそしていませんが、地頭の非法を巡って幕府と対立した経緯を持つ修験道の本場のトップに後鳥羽院の近臣が任じられたのですから、時節柄、幕府の呪詛が目的と勘繰られても仕方ありませんでした。年明けには皇子の尊快親王を天台座主に就任させたとあってはなおさらです。

1221年の後鳥羽院は祈祷に明け暮れ、史料で確認できるだけでも以下のようになります。

1月13日　高陽院で五壇法
1月18日　尊勝法陀羅尼の供養
1月22日　閑院で七仏薬師法

2月　熊野参詣
3月　石清水八幡宮と賀茂社で祈祷
4月　伊勢・石清水・賀茂の三社に奉幣
4月末　仁王講
5月　高陽院で愛染王法、最勝寺で鎮護国家の灌頂（かんじょう）

遡って1220年11月、後鳥羽院はもはや目立つ言動も厭（いと）わず、宿曜師（すくようじ）から明年は重厄だから身を慎むべしとの勘文を出されると、太上天皇の尊号と随身（ずいしん）（武装した護衛役人）の辞退という思い切った行動で厄除けを図ります。身を慎むどころか、正反対の行動を起こす覚悟を固めていたからです。

ここに出た宿曜師とは暦と占星術を司る技能僧のことで、毎年暮れになると、翌年の吉凶に関して勘文を提出するのが倣いでした。

それにしても、後鳥羽院の豹変ぶりは極端です。実朝の暗殺はきっかけにすぎず、問題の根はもっと深いところにあったのかもしれません。鎌倉幕府の存在はもちろん、それ以外にも。

もっとも考えられる可能性は後鳥羽院の正統性に直結する問題です。皇位継承の儀式に欠かせないとされた三種の神器（じんぎ）は平氏の都落ちの際に持ち出されてしまいました。

平氏一門が壇ノ浦の戦いで滅んだとき、そのうち2つは回収されましたが、武の象徴である草薙剣は海の底に沈んだか遠くへ流されたかして、懸命な捜索にも関わらず発見には至りませんでした。

幕府による捜索が打ち切られてからも後鳥羽院にはあきらめる様子はなく、1212年には改めて検非違使の藤原秀康を西方に遣わし、壇ノ浦と筑紫一帯を探させています。

つまり、三種の神器を前に正式な即位を果たした天皇は平氏一門とともに西海に沈んだ安徳天皇が最後で、「治天の君」による指名があれば十分とする新たなルールは、後白河院の一存であまりにも唐突に決められ、古式や慣例やら大事な要素がすべて無視されています。これでは後鳥羽以降は不完全な存在、悪く言うなら僭称者と陰口を叩く者がなくなるはずはなく、後鳥羽院は心に一生癒えることのない傷を負わされたかたちでした。後鳥羽の面前でそれを口にする者はいなかったでしょうが、巷で囁かれていると想像するだけで後鳥羽の自尊心はいたく傷つけられたはずです。

神器のうち欠けているのが武の象徴であれば、自分がその所持者に相応しいことを実際の行動で示すほかない。実朝という手駒を失い、幕府を制御することができなくなった後鳥羽院が思い詰めるあまり、武力倒幕を考えたとしてもおかしくない状況だったのです。

後鳥羽院に対し一貫して意地の悪い言い方をする慈円は、源頼朝が朝廷を守る軍事力として

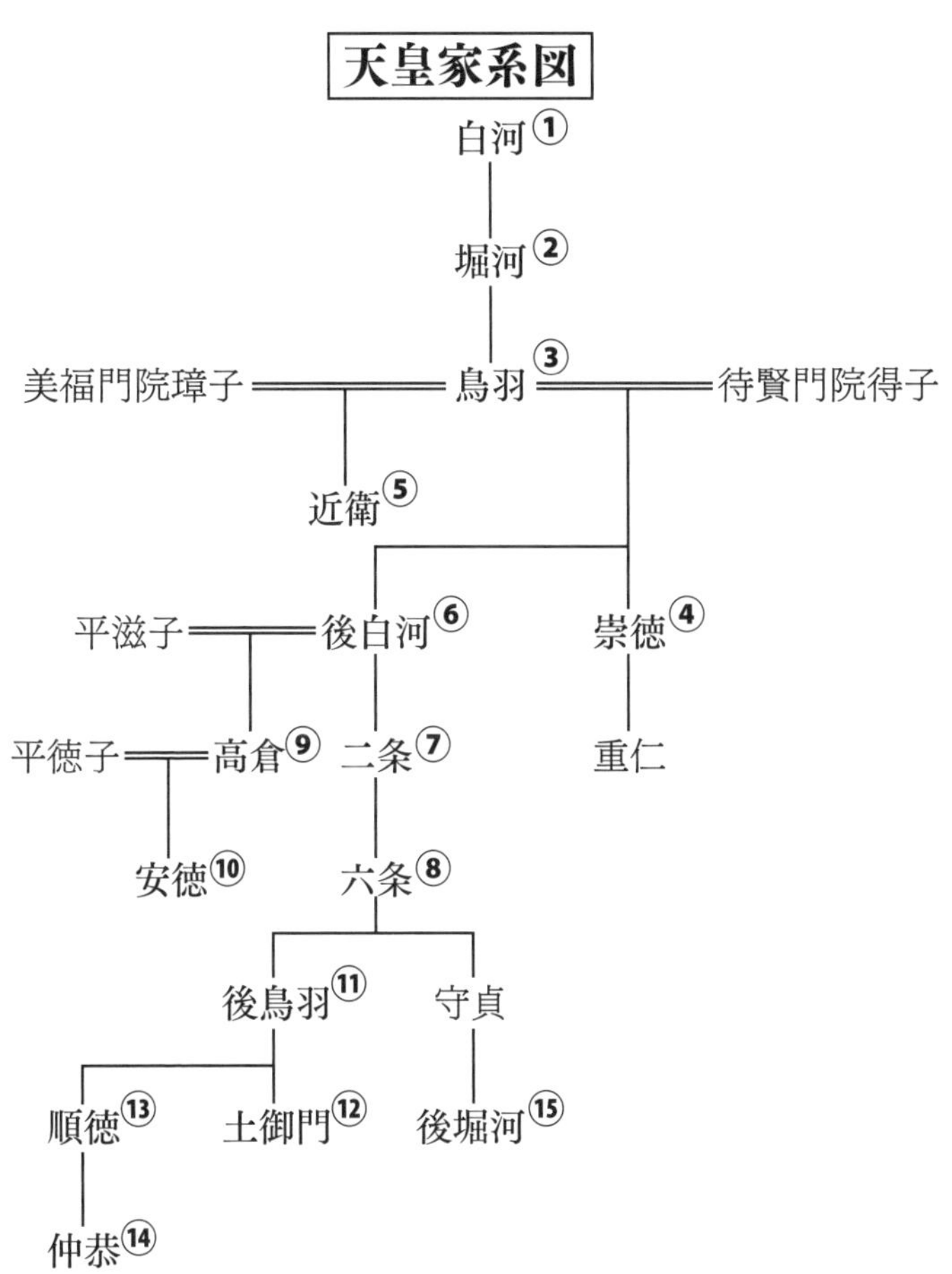
天皇家系図
白河①
堀河②
美福門院璋子
鳥羽③
待賢門院得子
近衛⑤
平滋子
後白河⑥
崇徳④
平徳子
高倉⑨
二条⑦
重仁
安徳⑩
六条⑧
後鳥羽⑪
守貞
順徳⑬
土御門⑫
後堀河⑮
仲恭⑭

出現したため、宝剣は役目を終えたとしてみずから退場したとの考えを示していました。もちろん、後鳥羽院に知られないようにですが。

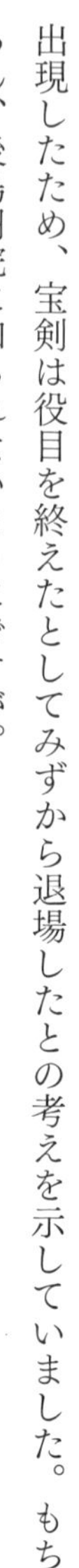

鎌倉で続出する天変地異

それまでは「鎌倉殿仰せに依り」とあった命令書の書き出しが、「仰せに依り」に代わったことからも明らかなように、藤原将軍下向後の鎌倉幕府は北条政子と義時による連合政権に他なりませんでした。

鎌倉幕府内部に大きな問題は起こりませんでしたが、後鳥羽院による呪詛の影響なのか、1219年後半から1221年初頭にかけ、天変地異の発生件数が大きく例年を上まわります。落雷、火災、地震、大風、大雨、洪水、日照りと、あらゆる自然災害が一通り出そろうなど、早々あることではありません。

天変地異を相手にしては、人にできることは祈るくらいしかなく、『吾妻鏡』の1221年1月22日条には、同月10日の雷雨を受けて、安倍泰貞に天地災変祭、安倍晴吉に三万六千神祭、安倍親職に属星祭、安倍宣賢に泰山府君祭、重宗に天曹地府祭を奉仕させ、鶴岡八幡宮寺では供僧らに大般若経を転読させたとの記事が見られます。

ここにある三万六千神祭とは諸々の鬼神を祀るもので、天曹地府祭を奉仕した重宗の姓は伴か清科のどちらかです。どちらの姓も安倍・賀茂両氏より家格が下の陰陽師家系で、鎌倉時代初めは伴重宗と清科重宗がそれぞれ鎌倉で活動していたことが記録に見えており、陰陽師が安倍氏だけでは足りなくなっていたことがわかります。

被災者が後を絶たないなかでも社会活動を止めるわけにはいかず、なかには強行された冠婚葬祭もあります。『吾妻鏡』の1219年10月20日条に見える記事がそれで、京都から下向してきた一行が鎌倉に慣れてきたであろうこの時期に、一条実雅と北条義時の嫡娘との婚儀が行われたのです。復日と言って、陰陽道では結婚を忌むべき日でしたが、近くに吉日がないことから、やむをえずその日に行われたとのことです。

この夫婦の間に最初の子供が生まれたのは翌年8月6日のことで、験者は寛喜、医師は丹波頼経、陰陽師は安倍親職以下4人が奉仕した上、百日間の泰山府君祭が行われたというのですから、御台所の出産と同等の扱いを受けたことになります。義時の孫が生まれるのだから当然かもしれませんが、それ以上に一条実雅への格別な配慮が感じられます。

十月十日には少し早いですが、これくらいの早産はよくあることです。妊娠したから婚儀を急いだわけではないと思いますが、北条氏にとって一条実雅と婚姻関係を結ぶこと自体、大いに意味のあることでした。摂関家の九条良経や太政大臣を経験した西園寺公経と婚姻関係にあり、娘の保子が後鳥羽院の乳母を務めるなど、朝廷に幅広い人脈を持つことから、実雅は縁組をしておいて損のない人物だったのです。

ちなみに、実雅の父能保（よしやす）は源頼朝の妹を妻としていますが、実雅の母はそれとは別の人物です。

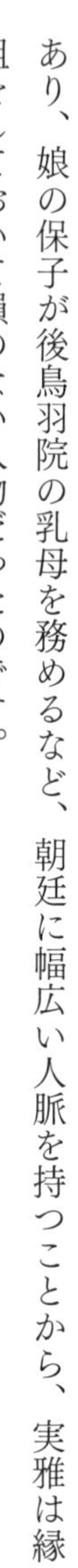

政子に夢想告をもたらした神は？

夢想告（夢のお告げ）の話は『吾妻鏡』に何度となく登場します。北条政子ほど経験豊富な人であれば、予知能力のような胸騒ぎを覚えても不思議ではなく、現在では不安がおかしな夢を誘発するメカニズムも解明されつつあります。『吾妻鏡』の1221年3月22日条に見える夢想告の記事も不安の表れだったのでしょう。

同日の記事によれば、夢のなかの政子は由比ガ浜に立っていました。すると波間から表面が二丈ばかりの鏡が現れ、鏡のなかから声が聞こえてきます。

「われは伊勢大神宮である。世は大いに乱れて兵を集める事態となる。北条泰時がわれを耀（かがや）かせば、太平を得るであろう」

目を覚ました政子は、祠官（しかん）の外孫である波多野次郎朝定（ともさだ）を使いとして、伊勢大神宮に出発させたと言います。

ここにある「祠官の外孫」とは、朝定の母が外宮の神官荒木田盛長の娘であったことを意味しており、事が事だけに使いには伊勢神宮の縁者が適任と考えたのでしょう。願文を祭主の大中臣隆宗に渡した盛長は4月17日に鎌倉へ戻り、政子に復命しています。

人と神仏の関係は双方向的なものなので、願いが成就した場合、相応の礼をしなければなりません。このときは承久の乱における勝利がそれにあたり、『吾妻鏡』の同年8月7日条には、夢想告のおかげで世の中が平穏になったとして、政子が伊勢の二所大神宮（内宮と外宮）に所領を寄進したこと、その他の諸社にも同じく何かしら寄進したとの記事が見られます。

後から顧みれば、このときの伊勢代参はぎりぎりセーフのタイミングでした。後鳥羽院の意を受けた順徳天皇がわずか4歳の懐成親王（仲恭天皇）に譲位して、権威＝天皇と権力（院）の分離を図ったのが4月20日だったからです。たとえ敗北しても天皇に類が及ばないように仕掛けを施したわけで、天皇の代替わりは、もはや後に引くつもりはないという、祖霊に向けての決意表明でもありました。つまり、後鳥羽院がアマテラスに訴えかけるのに先んじて、北条政子の願文がアマテラスの鎮座する大神宮で受理されたかたちとなったのです。

もっとも後鳥羽院は敗北の可能性を限りなくゼロに近いと予測していたはずです。皇族同士の戦いとなった672年の壬申の乱を唯一の例外として、官軍が賊軍相手に敗れ去った例はないのですから。

後白河院が木曾義仲に敗れたことはありますが、その後、義仲が衰亡の道を辿ったのに対し、後白河院は見事復活を遂げていますから、これは官軍の敗北に数えません。平清盛が後白河院を幽閉したこともありますが、そのときも最後に笑ったのは後白河院のほうでした。

太白（金星）の異常接近

前にも書きましたが、太白星とは金星、熒惑（けいわく）星とは火星のことで、次の一文は『吾妻鏡』の1221年5月18日条にある記述です。

寅の刻に太白星が熒惑星に接近した。

第3章でも言及しましたが、金星と火星はどちらも兵乱に関わる星ですので、この2つが接近するのは兵乱の予兆に他なりません。

今回の異変に関して気になるのは、天文の基本教材でもある『漢書』の「天文志」にある次の一節です。

火星が金星に合えば喪となり、事を挙げ、兵を用いることができない。

挙兵が凶なのはわかりますが、問題は主語です。後鳥羽院なのか鎌倉幕府なのか、それとも先に兵を動かす行為自体が凶なのか。

実は天文の異変が観測されたとき、京都ではすでに事が始まっていました。5月15日、後鳥羽院が兵を挙げ、京都守護の伊賀光季を敗死させていたのです。もう一人の京都守護である大江親広（広元の子）は京方に寝返りましたが、義時の妻の兄弟にあたる光季は従うわけにはいかなかったのです。

後鳥羽上皇（後鳥羽院）

後鳥羽院挙兵の知らせが鎌倉に届いたのは5月19日のことでした。必ず何か仕掛けてくるとは思いつつ、いざ挙兵と聞くや、歴戦の猛者たちも動揺を隠せず、続々と北条政子の御堂御所に集まってきました。三浦義村はみずから義時に提出しましたが、他の主だった御家人たちのもとにも、義時誅殺を命じる院宣が届いたか、じきに届くのは目に見えていましたから、どう行動したらよいのか判断がつかず、鎌倉中が騒然となるのも無理はありませんでした。

幕府の対応を『吾妻鏡』に基づいて記せば、まず陰陽師の安倍親職・泰貞・宣賢・晴吉らを呼び出して卜筮をさせたところ、全員一致で「関東は太平である」と出ました。主語が記されていませんが、前後の文脈からして北条義時の命によることは間違いありません。

続いて北条政子が御簾越しに、安景景盛を介して自分の考えを述べます。「逆臣の讒言により、道理に背く綸旨が下された。名を惜しむ者は速やかに逆臣の討伐に迎え。京方に走りたいものは、今すぐ申し出よ」と。

反論する者はいませんでしたが、朝廷に刃を向けることも躊躇われ、いったんは足柄と箱根の関所を固め、官軍を迎撃する案でまとまりかけます。しかし、ここで思わぬ人物が声を挙げました。文官の大江広元です。

守りに徹していては敗北が避けられず、今こそ東国武士の心を一つにすべき時とし、「運を天に任せ、速やかに兵を京都に派遣されるべきです」と進言したのです。

文官ではありますが、彼は京都をもっともよく知る人物です。ここで踏ん張らなければ、源氏三代で築いてきたすべてが失われる。最悪の展開を予測できた広元ならではの適格かつ積極的な進言でした。

かくして幕府は東国15カ国に動員をかけた上で、同月20日には寿福寺長老の荘厳房行勇や鶴岡八幡宮寺別当の定豪らに世の中の平穏を、心を込めて祈祷するよう命じるとともに、町野康俊（三善康信の子）と陰陽師の清原清定を奉行に三万六千神祭を行わせたとあるのですが、文官の町野康俊は添え役として、この大事な場面で、なぜ安倍氏ではなく、格下の清原氏に命が下されたのかは大きな謎と言わねばなりません。

5月26日の陰陽道祭祀でもやはり奉行は町野康俊と清原清定で、安倍氏の名は一人として挙げられていません。6月8日に北条義時から諮問があった際には、安倍親職・泰貞・宣賢らがそれぞれ答えていますが、占いと諮問への回答はしても、祈祷は辞退したのでしょうか。

話は先走りますが、『吾妻鏡』の同年8月21日条には、祈祷の効果が認められ、僧徒と陰陽道の者が多く恩賞を受けたと記されています。名前が列記されていないため、安倍氏が恩賞の対象であったかどうかはわかりませんが、祈祷に参加していたのならなぜ名前がないのか、不参加ならその理由を探る必要があります。

不参加の場合に考えられるのが、朝廷を呪詛することはできないとして、安倍氏がこぞってボイコットに出たのか、北条義時の側が意図的に安倍氏を外したかのどちらかです。現実問題として、京都と鎌倉を二大拠点として活動をするようになっていた安倍氏は苦しい立場に立たされていたはずですから、義時が彼らの苦衷を察して、安倍氏抜きの人選をしたとも考えられますが、安倍氏のなかに京方へ寝返り、鎌倉を呪詛する者が出るのを警戒した可能性も捨てきれません。

逆に参加していた場合ですが、格下の清原清定が奉行を務め、安倍氏がその指揮下で陰陽道祭祀を行ったことになります。通常ならありえないことですが、京都での序列と鎌倉でのそれが別であったら、皆無とは言い切れません。ただし、承久の乱の最中を除き、清原氏が安倍氏より重んじられた事例が一つとして見当たらないため、これが正解である可能性はかなり低くなります。

残るは、『吾妻鏡』の編集者が意図的に安倍氏の名を削除した可能性ですが、京都での活動も続ける安倍氏の立場に配慮して、京都を相手にしての大事な一戦中は祈祷の最前線にいたのか、いなかったのか、あえて曖昧にしたのかもしれません。

相手が相手ですから、義時も慎重に事を進める必要がありました。祈祷に際しての経典と祭祀の選択もそうです。5月20日に高僧らへ命じた祈祷内容も世の中の平穏であって、同月26日に鶴岡八幡宮寺で行わせた仁王百講という法会でも、祈祷内容は鎮護国家と万民豊楽でした。両日とも陰陽道祭祀を行わせていますが、20日が三万六千神祭、26日が属星祭と天曹地府祭ですから、除災延命を祈願するものばかりです。

もっとも、陰陽師本来の役目が怪異の原因究明で、呪詛を行った者に呪いを返すことはあっても、平安時代中期までは陰陽師に呪詛能力はないとされていたことを思えば、義時による祭祀の選択は理にかなっていたと言えます。御敵調伏などは密教の領域で、『吾妻鏡』の5月21日条によれば、京都ではその日、京方が大本営とした高陽院殿を壇所として、仁和寺宮道助（後鳥羽院の皇子）や僧正の良快（九条兼実の子）らによる修法が行われています。壇所が設けられたのであれば、御敵調伏の祈祷と見て間違いありません。

勝敗の知らせを待つ義時の屋敷に落雷

後鳥羽院以下3人の上皇と天皇のいる京都へ兵を向ける。それ自体恐れ多いことでしたが、北条義時にとっては安倍氏より格下の陰陽師に鎌倉の命運を託さなければならないことも、心配の種であったはずです。

他の有力御家人たちも思いはいっしょで、5月21日になっても上洛の途につく軍はありませんでした。これに業を煮やし、厳しい提言を行ったのは、またしても大江広元です。

「心変わりする者が出る前に、今夜のうちに武州（北条泰時）一人だけでも出立すれば、東国武士は雲が龍に靡くように従いましょう」

北条政子も、老衰で隠棲していた三善康信を引っ張り出してきました。康信も政子の意を呈して、次のように提言します。

「事ここに及んで、あれこれ議論するのは愚の骨頂です。大将軍一人でもただちに出立すべきです」

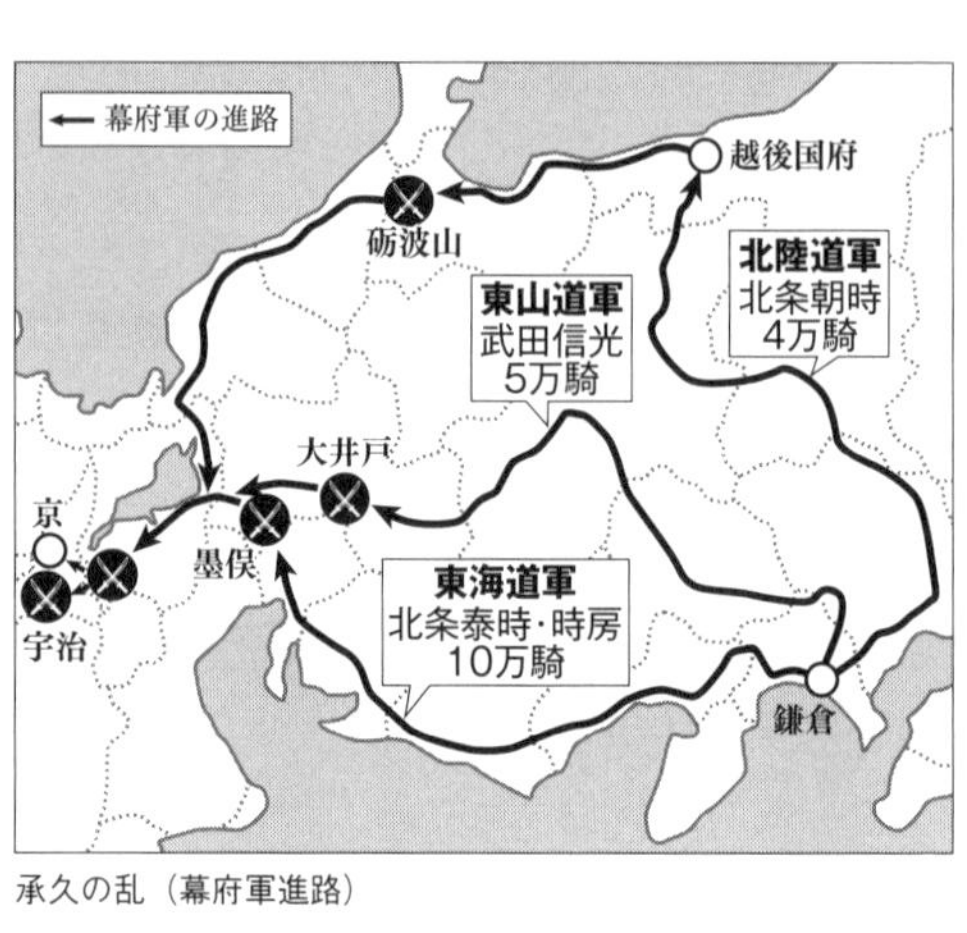

承久の乱（幕府軍進路）

両宿老の意見が一致したことでようやく安心したのか、北条義時は泰時に命令を下し、これを受けた泰時は翌日の夜明けとともに上洛の途につくのでした。

出立したときはわずか18騎でしたが、待機していた御家人たちがこぞって軍を動かしたことから、25日には公称19万騎の大軍が北陸・東山・東海の三路から上洛する態勢が整います。さすがに19万騎は盛り過ぎで、実数はその10分の1か20分の1くらいと考えられます。

21日に届いた知らせによれば、京方の軍勢は１７００騎。それから増えている可能性があり、比叡山の僧兵が全山を挙げて合流すれば、ほぼ互角の兵力となります。院宣をいくらでも出せる状況にあり、地の利もある京方は侮れない相手でした。

宿老たちは鎌倉に留まり、祈祷と増援・補給物資の徴発にあたるとされましたが、戦場に慣れた老将たちにとって後方勤務はかえって精神的にきつい仕事だったかもしれません。実質的には鎌倉殿である北条義時はなおさらで、首を長くして最新の報告を待ち受けるなか、義時の胆を潰す事件が発生します。『吾妻鏡』の6月8日条には次のようにあります。

> 戌の刻に鎌倉で雷が義時の館の釜殿（台所）に落ち、人夫一人がこのために死亡した。亭主（義時）はたいそう恐れて、大官令禅門（大江広元）を招いて相談した。
>
> 「泰時らの上洛は朝廷に逆らうもので、今この怪異があった。運命が縮まる兆しであろうか」
>
> 不安におののく義時を前に、広元はきっぱりと返答した。
>
> 「君臣の運命はみな天地が掌るものです。よくよく今度の経緯を考えますと、その是非は天の決断を仰ぐべきもので、まったく恐れるに及びません。とりわけこのことは、関東にとってはよい先例があります。文治五年に故幕下将軍（源頼朝）が藤原泰衡を征討したときにも、将軍の陣営に雷が落ちました」

吉例があるのだから心配は無用と言いつつ、広元は不安なら陰陽師らに占わせてみればよいとして、安倍親職・泰貞・宣賢らにそれぞれ占いを行わせたところ、全員が全員「最吉」と出たというのです。

何やら作為の感じられる占いですが、仮に大江広元の画策であった場合、そこまでしないことには、北条義時は食事も喉を通らず、夜も眠れない状態にあったのでしょう。

前線の戦況はどうかといえば、6月5日には東山道と東海道の軍勢がそれぞれ京方の防衛線を破り、尾張国で合流を果たします。7日には美濃国の野上・垂井両宿で軍を3つに分け、北陸道を進む軍の到着を待たずして進軍の再開を決めます。

京方にとって鎌倉の御家人が一致団結したのも誤算なら、大挙上洛してきたのも、さらに比叡山から共闘を拒否されたのも大きな誤算でした。それより前、鎌倉と縁のない西国の武士を動員していれば数で拮抗できたというのに、すべては後の祭りでした。

後鳥羽院らはいったん比叡山に避難しようとしますが、堅く拒まれたため、やむなく洛外に防衛線を再構築します。合流してくれた僧兵の一部も前線の守りにまわします。

それでも大勢を覆すことはできず、6月15日には洛中での組織的な抵抗もすべて平定され、戦闘がやみます。終わってみれば、一方的な展開でした。『吾妻鏡』の同日条は次のように記します。

今日、関東の祈祷などが結願(けちがん)した。このときになって官軍が敗北した。仏の力・神の力がまだ地に落ちていないことを尊ぶべきである。

同じく『吾妻鏡』の8月21日条には、祈祷の効果が認められ、僧徒と陰陽道の者が多く恩賞を受けたと記されています。詳細は言及されていませんが、所領の授与があったかもしれません。

後鳥羽院と順徳院、それぞれの夢想告

承久の乱の戦後処理は苛烈を極めました。京方に加担した御家人や京武者はもちろん、貴族であっても公卿以上は斬首というから徹底しており、中将の一条信能は鎌倉にいる弟実雅の縁で助命されるかと思いきや、これも首を刎ねられています。一方で坊門忠信は鎌倉への護送後、妹が実朝の妻であった縁から、北条政子の口添えで罪を赦されます。

僧侶では、羽黒山総長吏の二位法印尊長、後鳥羽院の護持僧を務めた熊野三山検校職の長厳、比叡山の観厳、熊野の小松法印快実などが京方の中枢を担っていましたが、捕らえられた快実は6月25日に梟首、観厳は結城朝光にお預け、観厳は陸奥国へ配流、尊長は長い潜伏生活を送ったあげく、1227年6月、洛中に潜入したところを見つけられ、自害を遂げています。幕府としても、出家者の本分に反し、乱の中枢にいた者を赦すいわれはなかったのです。

神職では義時呪詛の祈祷を行ったとして、賀茂禰宜大夫の祐綱が甲斐国、同じく神主の能久が鎮西へ配流となりました。両名とも賀茂社の神官で、陰陽師の賀茂氏とは無関係です。

次に陰陽師ですが、少なくとも『吾妻鏡』と『承久記』には、京方の陰陽師で処罰された事例が見当たりません。後鳥羽院が密教一辺倒であったわけでもなく、史料に残る限り、後鳥羽院による陰陽師の使用回数（52回）は鳥羽院の63回に及ばないまでも、白河院の49回や後白河院の43回より多いので、陰陽道の呪力を軽視していたとも思えず、これまた大きな謎と言わねばなりません。

現職の公卿であっても容赦しなかった幕府ですが、さすがに皇族を斬首、晒(さら)し首にはできず、それぞれに流刑を言い渡しました。後鳥羽院は隠岐島(おきのしま)、順徳院は佐渡島(さどがしま)、六条宮は但馬(たじま)国、冷泉宮は備前国、土御門はお構いなしとしたのですが、自分だけ逃れるわけにいかないと申し出たので、土佐国への配流となります。

仲恭天皇は譲位させられただけで済み、新たに擁立されたのは高倉天皇の孫で、まだ10歳の茂仁(ゆたひと)親王（後堀河）でした。

さんざん挑発をして、先に兵を挙げておきながら、後鳥羽院は本格的な武力衝突なしで幕府に勝てると、本気で信じていたように見受けられます。義時追討の院宣を受け取った御家人たちがみな旗幟(きし)を改め、義時を討ち取ってくれるに違いないと。

院宣の送り先は、『吾妻鏡』には三浦義村と北陸道を進む幕府軍に届けられた2通しか出てきませんが、『承久記』には7通とあります。

ただし、写本によって送り先に食い違いがあり、流布本には「武田・小笠原・千葉・小山・宇都宮・葛西」とあるのに対して、前田家本には「足利・武田・小笠原・笠井・三浦・宇都宮・八田」とあり、正確なところがわからないのが実情ですが、在京の者を除けば、御家人の離反が起こらなかったことは動かしがたい事実です。

幕府側は圧勝したのですから、これを機に天皇制そのものを廃絶することもできたのではと思われるかもしれませんが、当時において、そのような発想はありえませんでした。征夷大将軍にせよ幕府にせよ、あらゆる権力と権利の源泉が天皇あるいは院である限り、天皇制の廃絶は選択肢としてありえなかったのです。

それにしても、至尊の存在であるはずの「治天の君」が戦いに敗れて島流しにされるとは、前代未聞の出来事です。これを言いつくろうには、崇徳院の祟りだけでは足りず、皇祖神アマテラスをはじめとする神仏全体から見放されたとの説明も必要でした。

後から顧みればという言い方で、多くの人が過去に見た夢と承久の乱を結び付け、他人に語るか、日記に記すかしたはずです。『吾妻鏡』の1221年閏10月10日条に記された不吉な夢の数々もそのなかの一部でしょう。

「およそ去る2月以来、天下が改まるとの夢のお告げを受けることが多くあった」という書き出しで始まり、順徳院は船遊び中に船が転覆する夢を見、後鳥羽院は枕元に現われた老翁から何度か予言を聞かされ、慈円は長年祈祷を行ってきた壇の上に馬が降り、その馬が急に走り出す夢を見たなどとあります。

神仏から何度も警告を下されていたにも関わらず、その意味を理解することなく、挙兵に踏み切ったから、惨めな敗北に終わった。京都の貴族たちが矜持を保とうとするなら、そう信じるしかありませんでした。

摂関家出身の慈円も『愚管抄』のなかで次にように述べています。

> 後鳥羽上皇は衰えた者が復興しようとする場合に見られる道理についても、また昔から移り変わってきたこの末の世の道理を皇祖神や国家の守護神が照覧なさっていることについても、御存知なくて浅はかな御処置をとっておいでになるとお見受けする。

かなり辛辣な言い様です。『吾妻鏡』には不吉な夢を見てから、後鳥羽院に祈祷の奉仕をしないと密かに決意したともあり、それが本当であれば、慈円は早くに後鳥羽を見限っていたことになります。

一方、勝利した鎌倉幕府は京方から没収した所領が約3000か所もあるので、神仏に対して十分なお礼をすることができました。『吾妻鏡』の同年8月7日条には、北条政子が後院領(天皇家の荘園)から伊勢の内宮に伊勢国安楽村と井後村、外宮に同国葉若村と西園村を寄進したとの記事が見られます。

鶴岡八幡宮寺に武蔵国矢古宇郷、諏訪宮に越前国宇津目保など、その他の諸社にも同じく寄進したとありますが、やはり伊勢神宮への寄進が群を抜いていたのでしょう。皇祖神アマテラスが嫡系の子孫ではなく、傍系の子孫を支持したかたちですから、選んでくれた見返りとして、伊勢一国をまるまる寄進してもよかったくらいです。

幕府としては皇祖神アマテラスを祀り、天皇家から氏神とされている伊勢大神宮を称揚（しょうよう）することは極めて重要でした、皇祖神にとって大事なのは自身の嫡系であるかどうかではなく、統治者として相応しいかどうか、時代の要求に適っているかどうかといった点で、それまで朝廷が掲げてきた物差しは無効と宣言されたのも同然だったからです。

承久の乱における勝利は、懸案だった所領問題にも影響します。平氏滅亡時の没収地も西国を中心に約500か所を数えましたが、後白河院の巧みな駆け引きを前に源頼朝は譲歩を強いられ、鎌倉幕府の力を西国に深く及ぼすには至りませんでした。しかし、今回は異なります。西国の守護・地頭のすべてが鎌倉の御家人で占められました。訴訟を起こされても、御家人に有利な裁定を下せる体制ができたことで、幕府の支配は西国全体に及ぶことになります。

天下の大穢を改めて考える

鶴岡八幡宮寺では毎年8月15日の放生会が定例化されていましたが、1221年は「天下の大穢（おおけがれ）」というので、延期されました。全国的規模のとてつもない穢れが生じたということです。日本神話で語られるように、穢れの最たるものは人の死で、数よりも死者の身分が重視されました。

承久の乱を通していったいどれだけの死者が出たのか。『承久記』には北条泰時から鎌倉の義時になされた報告として、「渡河作戦で押し流された者や討死した者を合わせて1万３６２０人という数字を挙げていますが、上洛軍の総勢19万人という数字が誇張である以上、この死者数も真に受けるわけにはいきません。ましてや京方の死者は含まれていないのですから。

身分の点を言うなら、後鳥羽院をさんざん焚きつけ、謀叛に前のめりだった公卿以上の貴族がこぞって斬首されたのですから、京方から生じた穢れこそ深刻でした。洛中でも激しい市街戦が展開され、東寺の境内さえ血で染められたのですからなおさらです。

ところが、『吾妻鏡』を見ると、鶴岡八幡宮寺での放生会は1か月延期されただけで、9月15日に挙行されています。その間に大祓（おおはらえ）や供養と思われる行事は一切見当たらないというのに。

供養に関する記事は『吾妻鏡』の10月13日条になってようやく表れます。先日のこととして、京都駐留を続ける北条泰時が伽藍（がらん）を創建したとの記事が見え、創建理由が、一つには四代将軍藤原頼経（よりつね）と北条政子の息災のため、一つには今度の合戦の間に死亡した貴賤の成仏のためとされているのです。

細かいことは青蓮院宮僧正坊の真性（以仁王の子）に相談して、同月23日に行われた供養の儀は、密教の作法に則っていました。

　同年中はこれ以外に目立った宗教儀礼が行われていないことから、鎌倉幕府は10月23日の供養をもって大穢は済んだと見なしたようです。

　鎌倉ではこの供養を待たずして放生会を行っていますが、これは「天下の大穢」と言いつつ、穢れが生じた場所を京都の洛中に限定したからと考えられます。

　鎌倉では一滴の血も流れていないこともありますが、天皇と院のいる洛中は本来もっとも清浄であるべき空間です。そこが戦場となり、多くの血が流された上、昨日まで伺候していた上級貴族の多くが首を刎ねられたのですから、大穢もいいところです。だからこそ、洛中でのみ大掛かりな供養が必要と考えられたのでしょう。

　ちなみに、断罪された公卿は「合戦張本ノ公卿」という呼び名でくくられ、摂関家の人間はほとんどおらず、大半が院政期に台頭した中下級貴族の出身者ばかり。いわゆる新興の公家です。摂関家の人間にしてみれば、今さら院の権力が強化されたところで何もよいことはなく、早くから後鳥羽院と距離を置くようにしていたのでしょう。

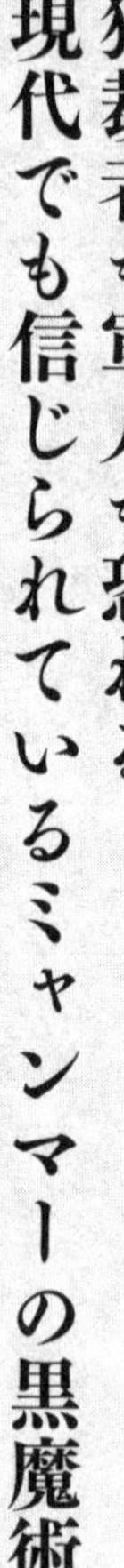

コラム6 独裁者も軍人も恐れる。現代でも信じられているミャンマーの黒魔術

ミャンマーでは2021年2月1日に国軍が全土の非常事態を宣言し、国家の全権掌握を表明してからというもの、安定とはほど遠いまま現在に至りますが、政変が起きた当初、軍幹部が民衆による大規模なデモや少数民族による武装闘争よりも黒魔術を恐れているとのニュースが盛んに報じられました。

ミャンマーの黒魔術に関しては、長年取材を重ねてきた元毎日新聞アジア総局長の春日孝之著の『黒魔術がひそむ国　ミャンマー政治の舞台裏』（河出書房新社）が詳しいので、その内容に沿って話を進めていきたいと思います。

ミャンマーではネウィンによる独裁体制が27年間も続いたのちも、軍政が倒れることはなく、1992年には軍出身のタンシュエが国家元首となります。2011年には民政移管が行われ、軍出身のテインセイン政権が発足。2016年には事実上のスーチー政権が誕生しますが、軍の影響力を排除することはできずにいました。2020年11月の総選挙でもスーチー率いる国民民主同盟（NLD）が大勝しますが、国軍は選挙に不正があったとして政変を敢行。国際世論からの非難をものともせず、公然と銃口による政治を続けています。

軍政と民主化の間で、ロヒンギャに代表される民族問題にも揺れるミャンマーは観光用パンフレットでは、「パゴダ（仏塔）の国」と紹介されることが多いのですが、春日氏によれば、ミャンマーは「占い大国」でもあると言います。上座部仏教を基本にしながら、占星術やナッ（精霊）信仰、ウェイザー（超能力者）信仰、数秘術、手相術、呪術などが融合して、混然一体化しているというのです。

日本の政治家や財界の大物にも必ず贔屓（ひいき）の占い師がいるというのは都市伝説に近いですが、ミャンマーの国軍幹部がそれぞれお抱え占い師を擁しているというのは、公然の秘密です。彼らがもっとも恐れるのは「アウラーン」（黒魔術）で、呪いをかけられるのを防ぐため、国軍幹部の正確な誕生日はトップシークレットにされています。

日本でも占い好きな人は生年月日と生まれた時間、星座、血液型、手相、ラッキーカラーなどを気にしますが、ミャンマーの場合、重要なのは生年月日と生まれた曜日、仏教関連の縁起のよい数字、占星術師の見立てになります。

ミャンマーの政治はビルマとしてイギリスから独立する前から占星術に左右されていました。同じくイギリス植民地だったパキスタンが1947年8月14日、インドが占星術師の助言により一日遅らせ同月15日に独立を宣言したのに対し、ビルマは占星術師の見立てが二転三転したことから、翌年1月4日の午前4時20分にようやく独立式典の挙行となりました。直前になって署名文書を3回も書き直したことから、イギリス側も苦笑いを通り越して、呆れるしかなかったと言います。

独立から70年以上が過ぎ、軍事政権のトップもソウマウンからタンシュエ、さらに現在のテインセインと変わりましたが、名前が「テイン」「タン」で始まるのは金曜日生まれの人に限られ、タンシュエがテインセインを後継者に選んだのは同じ曜日生まれの誼と言われています。

テインセインは2006年に首都をヤンゴンからネドビーへ極秘のうちに移した人でもあり、遷都の公式発表がなされたのは2006年3月27日ですが、スタッフや文書の移動は前年の11月6日に開始され、最大規模の移動が行われたのは同月11日金曜日の午前11時ちょうどに開始されました。11の国軍部隊と11の省庁の職員が1100台の軍用トラックに分乗してヤンゴンを発ったというのです。

なぜ11に拘ったかと言えば、大乗仏教では十一面観音くらいしか思い浮かびませんが、ミャンマーで信仰されている上座部仏教では「11の炎」と言って、この数字を前面に押し出すことには、人間が抱える「欲、憎悪、妄想、誕生、老い、死、悲しみ、嘆き、苦痛、憂い、絶望」という11の炎のような苦しみを乗り越える意味が込められているのだそうです。

ネドビーの初代市長に選ばれたのはテインヌントという金曜日生まれの軍人で、2008年9月には9002人の囚人を釈放するとの発表がなされました。これには、「9＋2＝11」であること、9002の並び順を逆にすると「2009」となることから、翌年の2009年を良い一年にしようとの意図が込められていました。もっとも、実際に釈放されたのは数十人か数百人にすぎなかったそうですが。

逆にこの数字でとばっちり受けた人もいます。スーチーに次ぐ民主化運動の指導者であったミンコーナインは2008年11月11日午前11時に禁固65年の判決を言い渡されました。「11」が3つ並ぶ上に、「6+5=11」ですから、ミンコーナインは11の炎から軍事政権を守る盾に利用されたかたちです。もっとも大統領の恩赦が下ったことで、4年後には釈放されています。

ミャンマーのバガンの仏塔群 ©pixta

重要視される数字は「11」だけでなく、「阿羅漢」「覚者」「世尊」など仏陀の偉大さを表す言葉が9つあるというので、「仏陀の九徳」として「9」という数字も尊ばれます。

長期独裁を維持したネウィン政権が倒れ、体制がどうなるか不確定であった1988年、国軍のソウマウン参謀総長が政変を起こしたのは9月18日でした。「1+8=9」ですから、「9」が並ぶ日が選ばれたのです。

軍事政権下で実施された二度の総選挙も最初が5月27日、2回目が11月7日。「2+7=9」と「11+7=18（9の倍数）」と、これまた「9」のつく日が選ばれました。

さらには「ビルマ」から「ミャンマー」への国名変更もイギリス植民地時代の英語表記を嫌ったというのは外向きの説明で、アルファベットで表記した場合、「ミャンマー」なら9の倍数の18文字になるというのが、本当の理由と言われています。


春日氏の同書はこのような話がてんこ盛りですが、最後に占星術師の予言がもたらしたと噂される、とっておきの珍事を取り上げておきましょう。

2011年2月12日、64回目の連邦記念日を祝う政府主催の公式夕食会でのことです。軍政トップのタンシュエから序列四位で間もなく大統領に就任予定のテインセイン首相などの最高幹部たちが全員、あでやかな女装をしていたのです。国営テレビで全国中継されたため、多くの国民がその光景を目にしたわけですが、多くの人の脳裏に浮かんだのは「ヤダヤ（厄払い）」です。

お抱えの占星術師から「近く女性が政権を握る」とでも告げられ、スーチーが国籍をイギリスからミャンマーに改め、大統領になるのを防ぐ窮余の策というのですが、ここまで真剣にやられると、「ミャンマーの黒魔術は迷信」として笑って済ませるのでなく、旅行や仕事でミャンマーを訪れる際は、最低限の禁忌を頭に入れておいたほうがよいかもしれません。

終章 再び嘉禄6年

1221～1225年

陰陽道関連記事で埋まる『吾妻鏡』。その意味するところは？

1221年の後半は叛逆者の掃討と処罰に追われましたが、明くる1222年は平穏な一年となりました。以下に鎌倉で一年間に行われた祭祀・宗教儀礼を書き出しました（陰陽師が関与したものには傍線を付しました）。

1月8日　御所で心経会（しんぎょうえ）
1月16日　北条義時の屋敷で千度祓（せんどばらい）（一条実雅妻室の出産の祈祷）
2月9日　安産の祈祷
2月12日　鶴岡八幡宮寺定例の神事
　一条実雅の妻室が女子を出産（陰陽師は安倍国道・知輔（ともすけ）・親職）
3月8日　月曜祭（三寅が体調不良のため）
4月26日　前浜で七座の百怪祭（ひゃっかいさい）（死んだ鴨が打ち寄せられていたため）
5月24日　天地災変祭（同月4日の地震を受け）
6月11日　祈雨の修法
8月13日　百日の泰山府君祭開始（11日間連続の彗星（すいせい）出現を受けて）

8月15日　鶴岡八幡宮寺定例の放生会
8月20日　三万六千神祭、天地災変祭、天曹地府祭、泰山府君祭。鶴岡八幡宮寺で七日間の不動護摩（前月23日の地震と度重なる彗星の出現を受けて）
10月15日　大慈寺で一切経会
11月25日　千度祓（北条義時の妻室が産気づいたため）
12月12日　北条義時の妻室が男子を出産（陰陽師は安倍国道）

ここで名の挙がっているなかで、「百怪祭」と「月曜祭」は初出ですが、百怪祭は怪異が盛んに発生したときに祓いとして行う祭祀です。月曜祭は皆既月食が予測されたので、三寅の病状悪化を防ぐため行われたと考えられます。

出産には医師と験者も立ち会っていますが、その他は陰陽師だけの者が多く、これから半世紀余り、鎌倉での陰陽道祭祀や陰陽師への下問は増えるばかりとなります。

その理由として考えられるのは、やはり承久の乱における圧倒的な勝利です。密教だけに頼った京方が惨めな敗北を喫したのに対し、密教と陰陽道を併用した幕府は大将クラスを一人も失うことなく勝利できたのですから、神仏の加護を信じたくなるのも当然です。

加えるに、密教の験者がいずれかの寺院に属するか、深い関係にあり、貴族の子弟である場合も多かったのに対し、陰陽師は純粋な役人で、特定の社寺とのつながりがありません。皇族や上級貴族との関係は金銭による雇用関係に限られ、それ以外の対人関係は陰陽師家系内の血縁か子弟関係くらいで、背後関係がないがゆえに気軽に使用できるのも大きなメリットでした。

承久の乱の勝利により、陰陽道の有効性は実証されたと言えます。北条義時ら幕府首脳にすれば、不足していたカリスマ性を補って余りあるものとして、陰陽道の利用価値が再認識されたと言っても過言ではありません。

第1章で陰陽道は特殊技能と言及しましたが、究極の選択として、陰陽道は宗教か科学かと問われれば、どう答えるのが適切でしょうか。宗教も科学も鎌倉時代には存在しない言葉と概念ですが、無理を承知の上でそれでも答えを出せと言われるなら、「科学」と答えるのが適切と考えます。

なぜ科学かと言えば、陰陽師は下問に対していい加減な回答をしているわけではなく、内外の先例を元にしていました（ここでいう「内」とは日本、「外」とは中国を指します）。先例から統計と確率を導き出す。陰陽道の根底にこのような作業がある以上、非科学的と切って捨てるのは、それこそ野蛮な発想と言わざるをえません。

現代科学の基準に照らせば、陰陽道が統計学としての要件を満たしていたとは思いませんが、統計学も一朝一夕に確立したわけではありません。たとえ今日の基準では逸脱や迷信に分類されようとも、完成形に至る過程を全面的に無価値と決めつけるのはそれこそ愚行であり、人類の歴史への冒涜（ぼうとく）です。

歴史や学問を軽視する人はどの地域、どの業界にも少なくありません。500年前までは天文学と占星術、化学と錬金術のあいだに区別はなく、「科学者」という言葉すらなかったと言っても、彼らは信じようとしないでしょう。日本でも明治時代になるまで呪いが犯罪であったと指摘しても、同じ反応を示すはずです。

われわれの祖先たちは人智の及ばない世界の存在を認めながら、何とかその謎を解明しようと努力を重ねました。密教や陰陽道がそのための手段の一つであったことを、われわれは改めて思い起こす必要があるのではないでしょうか。

御所の新築を巡る様々な見立て

御所の移徙（いし）については先にも触れましたが、ここではその続きを見ておきましょう。『吾妻鏡』の1223年1月20日条によれば、陰陽師の見解が分かれ、結論は先延ばしにされました。同月25日に改めて審議が行われ、まず泰親流の安倍知輔と安倍忠業（ただなり）が次のように答えます。

昨日の未（ひつじ）の刻に小吉を用として、将は勾陳（こうちん）でした。将勾陳は四壁を司ります。日上は天一（てんいち）

神であり最吉です。

これに対して、晴明道の安倍晴賢は次のように反駁します。

卜占では、発用の力を重視します。その発用が無気であり、神は向陣を帯びています。向陣は将軍がもっとも憚られるべきであるという文章があります。今年が過ぎてから、工事をなされるように。

いくつか見慣れない言葉があるかと思います。「勾陳」は四壁を掌る神で、六壬式占に使用されました。六壬式占とは陰陽師が多用した占法です。

次に「天一神」ですが、これは方角神の一つです。己酉の日に天から下り、四十四日で八方を一巡、癸巳の日に正北から天に上り、十六日後の己酉の日に再び天から下るとされ、神の通路にあたる者には祟りをなすと考えられていました。

安倍晴賢の発言のなかにある「発用」や「向陣」は意味不明ですが、ここは泰親流の見立てに異を唱えたとだけ理解しておけばよいでしょう。

その後、安倍知輔と安倍忠業には宗明流の安倍泰貞と安倍宣賢が同調、安倍晴賢には同じく晴明道の安倍親職が同調して激しい議論が交わされますが、とうとう決着がつきませんでした。

御所の西への拡張にはもう一つ問題がありました。御所の西に隣接していたのが北条義時の屋敷で、名義上は嫡男の泰時に譲渡しており、その泰時は京都に駐留していました。京都からその場所は大将軍の方角にあたるので、寄宿人（北条義時）にとって忌むべきことではないかと占いをしたところ、「よろしくない」と出たのです。

ここで言う「大将軍」とは方位を司る暦神の一つで、無意識にでも方忌を侵せば、突然の病というかたちでの祟りがあると信じられていました。

どうしたものか思い悩んだ義時は、同月22日に起きた天文の異変と連日の雷鳴も気がかりであったので、あわせて京都に問い合わせることにします。

使いを嫡男泰時のもとへ送り、泰時を通じて陰陽寮のお偉方に問い合わせたのですが、それは正四位下・陰陽頭の安倍泰忠、同じく正四位下・陰陽頭の賀茂在親、四位・権陰陽博士の賀茂在継という錚々たる顔ぶれでした。陰陽師博士家のもう一方の雄である賀茂氏が初めて鎌倉幕府のために見立てをしたのです。

けれども、京都の見解も二つに割れました。安倍泰忠が「半吉」として、「寄宿の人による工事は憚るべき」としたのに対し、賀茂在親と在継は「よろしくない」としながら、「寄宿の人が禁忌でなければ憚りはない」と見立てたのです。

北条義時は頭を抱えたことでしょう。鎌倉にいる陰陽たちに、さらなる評議を命じたと言います。このような評議や占いは北条政子が新たに伽藍(がらん)と屋敷の建築を思いついたときにも繰り返され、場所が決まってからは、土公祭が行われています。

土公神を鎮めるための陰陽道祭祀については先に触れましたが、土公神が何よりも嫌うのは「犯土(はんど)」と呼ばれる土を掘り返す行為でした。

ほんの少しなら問題はなく、平安貴族は土公神の怒りを招く基準を3尺（約91・5センチメートル）としていました。祟りの及ぶ範囲は最小でも35歩（約140平方メートル）、最大では4町（約5万7600メートル）に及んだとの記録もあるので、建物が密集した洛中では近隣の建て替えや引っ越しにも注意を配る必要がありました。武家政権の中心となった鎌倉でも北条義時の時代になって、土公神の祟りが身近な問題になったことがうかがわれます。

京都への劣等感と反抗心

鎌倉武士の京都への眼差しは両極端でした。憧れと反感が同居していたのです。

反感の理由は、京都の上級貴族が不在地主にして不労所得者、既得権益の上に胡坐(あぐら)をかく奢(おご)り高ぶった存在と認識されていたからです。

洗練された文化への評価は大きく分かれ、女性の化粧や身だしなみは貴族家庭のものが手本にされましたが、蹴鞠（けまり）や和歌を好む者は一部に限られました。

また意外に思われるかもしれませんが、流鏑馬（やぶさめ）も受けがよくありませんでした。現在では鎌倉武士の風情を残す伝統儀式と喧伝されていますが、流鏑馬が生まれたのは京都です。馬を走らせながら馬上から射るとはいえ、的は静止状態にあるため、実戦には役立たず、貴族が趣味として嗜（たしな）む作法と目されていたのです。実戦的な弓矢の修練は犬追物（いぬおうもの）や牛追物など的が動き、必死に逃げ回るものである必要があったのです。

流鏑馬 ©pixta

洗練された京文化への憧れはありながら、それが東国武士の長所を損なっては何にもなりません。受容するか否かの取捨選択は慎重に行われました。

密教や禅に代表される仏教文化は合格点を与えられました。鎌倉という決して広くはない空間に現在も多くの寺院が瓦を並べ、運慶作のものをはじめ、国宝級の仏像が多く残るのが何よりの証拠です。

しかし、それら以上に積極的に受け入れられたのが陰陽道でした。鶴岡八幡宮寺で行われた様々な修法とあわせ、悪鬼をはじめとするあらゆる脅威から鎌倉と武家政権を守る役目を果たしたのですから。

それに加え、陰陽道が天意（天の意向）を知る手立てであったことも見落とせません。ここで言う「天」は中国で言う最高神としての天帝と、日本神話における天神地祇の「天神（天つ神。高天原の神々）」がミックスされた概念です。

地上を支配するのはアマテラスの孫で、高天原から地上に降臨したニニギノミコトの嫡系子孫の役目。傍系や庶系の者の役目はその手足となって働くことというのが、記紀神話に示された一つのかたちでした。

ところが、藤原道長に始まる摂関政治により、この原則は改変を迫られました。藤原氏の元の姓は中臣で、その始祖はニニギノミコトの降臨に随行したアメノコヤネノミコトです。もはや天皇の身体に神が憑依することもなく、天文の異変から予言をするには陰陽寮という専門の役所があり、あらゆる決定権は天孫の随行員にすぎなかった者の子孫＝藤原摂関家に握られています。

この流れに反し、権力の回復を図ろうとした試みが院政だったのですが、強力な外戚の出現を妨げるため、天皇の首を短期間で挿げ替える行為は、皇位継承のあるべき姿を完全に破壊する結果を招きました。

皇位継承の乱れは、保元の乱と平治の乱という洛中を戦場とする内乱を招き、その後に実権を掌握したのは桓武天皇の後裔を自称する伊勢平氏でした。

その平氏を滅ぼした後、鎌倉に幕府を開いたのは清和天皇の後裔を自称する武門源氏で、この家系が三代で途絶えた後、幕府の実権を握った北条氏も桓武天皇の後裔を自称しました。

京都には天皇と院がいながら、天皇親政も院による独裁も過去の話。『平家物語』で言う「盛者必衰（じょうしゃひっすい）の理（ことわり）」は天皇家をも例外とはしなかったのです。

北条義時の急死を受けて、嫡男の泰時が「鎌倉殿」の座を継承します。執権という肩書がいつ生まれたかは定かでなく、幕府の実質上のトップを指す肩書としては、やはり鎌倉殿のほうがしっくりきます。

統治者としての自覚を強く抱いた泰時は天意を知るため、ますます陰陽道に重きを置きます。京都から下向する陰陽師も倍増して、やがては生まれも育ちも鎌倉の陰陽師も出てくるのでした。

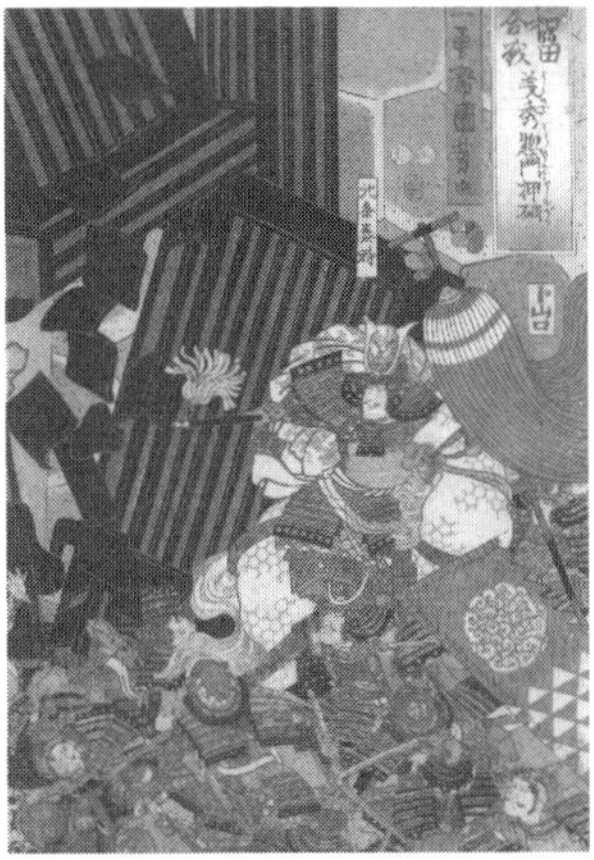
北条泰時（歌川国芳画）
© 国立国会図書館デジタルコレクション

京都では過去の遺物となっていた徳治主義や為政者による慎みが、京都の貴族社会から礼儀知らずの田舎者、野蛮で無知な東夷（あずまえびす）と蔑まれた武家政権のもとでかえって重んじられたのは、歴史の大きな皮肉と言わねばなりません。

●主な参考文献

五味文彦・本郷和人編『現代語訳吾妻鏡』全16巻（吉川弘文館）
関幸彦・野口実編『吾妻鏡必携』（吉川弘文館）
御家人制研究会編『吾妻鏡人名索引』（吉川弘文館）
安田元久編『吾妻鏡人名総覧　注釈と考証』（吉川弘文館）
慈円著・大隅和雄訳『愚管抄　全現代語訳』（講談社学術文庫）
司馬遷著・小竹文夫&小竹武夫訳『史記』全8巻（ちくま学芸文庫）
班固著・小竹武夫訳『漢書』全8巻（ちくま学芸文庫）
工藤元男著『占いと中国古代の社会　発掘された古文献が語る』（東方書店）
下向井龍彦著『武士の成長と院政　日本の歴史07』（講談社学術文庫）
山本幸司著『頼朝の天下草創　日本の歴史09』（講談社学術文庫）
河内祥輔・新田一郎著『天皇と中世の武家　天皇の歴史4』（講談社学術文庫）
高橋典幸・五味文彦編『中世史講義　院政期から戦国時代まで』（ちくま新書）
高橋典幸編『中世史講義　戦乱篇』（ちくま新書）
小島毅著『儒教の歴史　宗教の世界史5』（山川出版社）
横手裕著『道教の歴史　宗教の世界史6』（山川出版社）
山下克明著『平安時代陰陽道史研究』（思文閣出版）